五感の魔法

あなたが主人公になる
人生好転の脚本を創る方法

松谷 英子
Matsutani Hideko

はじめに　～人生最後の日に悔いなく笑える人生脚本の書き方～

今日が人生最後の日だとしたら、あなたはどんな思いを胸に1日を過ごすでしょう？　もしも、自分の人生に満足していなかったら、どうしますか？

この本は、人生を自分でデザインするための実践的なガイドブックです。最後まで読めば、あなたは自身が主役をつとめる、自分だけの「人生脚本」を書き上げられるようになります。

「人生脚本」を書く目的は、『愛、やりがい、あたたかさ』に満ちた人生を創り出すことにあります。

この本を読んで、自分の人生について真剣に考えてみてください。本書では、あなたの悩みや苦しみ、問題点を解決するための考え方や方法をたくさん詰め込みました。実践すれば、あなたは自分の存在に光を当てることができます。自分を愛し、自信を持ち、喜びと尊さを感じることができるのです。

この本は、心理学や脳科学の知識をもとに書き下ろした、あなたの人生を変えるための本です。もし今、あなたが自分に満足していなかったとしても、心配しないでください。この本があなたを助けるでしょう。あなたの心にエネルギーを与え、あなたの人生に鮮やかな彩りをもたらします。

私は、松谷英子と申します。医療法人の理事であり、25年以上にわたり医療現場で活動してきました。そんな中、自分自身がうつ病になったことをきっかけに、心理カウンセラーの資格を取得。医療法人の運営に携わる傍ら、一流アスリートのメンタルトレーニングや、5000人以上の患者さんのカウンセリングを行ってきました。また、医療面、精神面からのアプローチにより身体の免疫力を上げるプロでもあります。

私は過去、自分の人生に満足していませんでした。20代までは、仕事も恋愛もうまくいかず、自分の価値を見出せませんでした。3度の結婚と離婚を繰り返し、周りの人たちにも迷惑をかけました。私は、自分を愛することができなかったのです。

しかし、あるとき自分の人生を変えることができました。それは、娘のおかげです。娘は、15歳で高校を辞めました。私は、娘の将来に不安を感じ、悲しみとやるせない気持ちでいっぱいになりました。しかし、娘は、自分の人生に責任を持って一人で暮らし、経済的にもかなり自立しています。今では、「私が私で良かった」と口癖のように語るほど、自分を愛せる人間に育っています。

娘は、こう言いました。「お母さん、あなたは、自分の人生に満足していますか？もし、今日が最期の日だとしたら、何をしたいですか？」と。

私は娘の言葉に衝撃を受けました。自分の人生に満足していなかったのです。自分の心に従って生きていなかったのです。自分を愛することができていなかったのです。

自分の人生に幸せを感じるためには、自分を愛することが最も大切です。そして、自分を愛することができれば、人との愛ある繋がりを築き、やりがいのある仕事や趣味を見つけられます。

そのような気づきを経て、私は、この本を書くことにしました。自分を愛することができるようになった方法を、この本に惜しみなく詰め込んでいます。この本は、単なるスキル本ではなく、人間性を育み、あなた自身の存在そのものを輝かせることができるものです。

最初に、この本を家族と大切な仲間に渡したいと思っています。私の人生において、最も愛する人たちです。彼らは、私の人生に幸せを与えてくれました。彼らは、私の人生に意味を与えてくれました。

つぎに、あなたにも渡したいと思っています。あなたがこの本を手に取ってくれたことに感謝します。あなたは、この本を読むことで、自分の人生を満ち足りたものに変えられます。あなたは、この本を読んだ後、自分の人生に素適な変化を起こせるでしょう。

あなたは、自分の人生に幸せを感じられるはずです。
それでは、読み終わったあとで、またお会いしましょう。

新月の夜にあなたの幸せを祈りながら

松谷 英子

◆目次◆

第1章　理想の自分になるために大事なこと

第2章

自分のキャラクターを見つける方法

第3章

脳の仕組みを理解して、自分を信頼する

第4章

五感を活用して、自分の人生を創造する

第5章

自分の変化を楽しむ方法

第6章

価値観を明確にして、自分らしく生きる方法

第1章

理想の自分になるために大事なこと

1 自分の物語の主人公になろう

理想の自分になるためには、「セルフイメージ」を明確にすることが大切です。セルフイメージとは、自己認識、つまり自分はどんな人間であるかという認識です。これは、人生の物語の主人公としてのあなたのキャラクターを決める上で、基本になるものです。

キャラクターを決める際にはまず、自分が持っているイメージを知る必要があります。まずは、自分自身のイメージを思い浮かべてみましょう。以下のタイプではどれが、あなたに近いと感じますか？

□自分の理想とセルフイメージが一致している
＝自分に満足し、自信を持っている

□自分の理想と現実がかけ離れている
＝自分に不満が多く、劣等感や焦りを感じている
□理想について今まで考えたことがなく、何となく生きていた
＝自分に対する関心や目標がなく、流されている
□理想と現実がごちゃごちゃで分からない
＝自分が何を望んでいるのか、何をすべきなのか混乱している

自分の理想のキャラクターに、あなたはどのくらい近いでしょうか？　このタイプ分けで、あなたの理想と現実には今現在、どのくらいの距離があるか、少し見えたと思います。

現在の自分と理想のキャラクターが異なる場合や、理想のキャラクターが思いつかないとしても、落ち込む必要はありません。人生の物語はこれから始まるのですから。

今のキャラクターは、自分で選んで作ったものですか？　それとも、周囲の人や環境、偶然によって作られたものですか？

どちらにしても、人は理想の自分になる可能性を持っています。今のキャラクターは、これからの物語を作るための出発点に過ぎません。

それでは、あなたのキャラクターを確認してみましょう。あなたの物語は、あなたが自分で描くものです。周りの人や環境に描かせてはいけません。あなた自身が楽しみながら描くものです。そのことを忘れないでください。

■あなたのキャラクターは？

物語には様々な役割を持つキャラクターが登場します。映画やマンガで見られる代表的なキャラクターは次の5つです。これらは物語の「味わい」と「軸」を形成します。

悪役　ヒーローの敵です。他のキャラクターを軽蔑し、希望を奪おうとします。

被害者　ヒーローの味方です。困難に直面し、絶望し、救いを求めます。
ヒーロー　自分や他者にとってよいことをしようとするキャラクターです。挑戦し、苦しみ、成長し、勝利します。
導く者　ヒーローの師です。助言し、支え、励まし、導きます。
傍観者　ヒーローの友です。状況を客観的に見て分析し、コメントします。

物語を楽しむとき、私たちは自分に近いキャラクターに感情移入し、その気持ちや行動に共感します。多くの人は悪役を嫌い、被害者に同情し、ヒーローを応援し、導く者を尊敬する傾向があります。

人生の主人公であるあなたのキャラクターには、明確な個性と目的が必要です。キャラクターは人間性そのものです。どんな人間になりたいか、どんな人と関わりたいか、どんな仕事をしたいか、どんな場所に住みたいかを考えましょう。

自分のキャラクターをまだ決めていない場合や、自分や他人を信じられなくなっている場合も、今から変わっていくことは十分可能です。あなたの物語は、あなただけが描き、演じるものなので、自由にキャラクターを選んで、作り変えることができます。変えられないルールは一つだけ。「主人公はあなたである」ということです。

◆大切なポイント

理想の自分になるためには、セルフイメージを明確にしましょう。あなたの人生の物語はあなただけが描き、演じるものです。自分のキャラクターは誰かに指図されたり強制されたりすることなく、自由に選ぶことができます。

2 自分の人生を自分で選ぶ

あなたは、本当になりたい自分になっていますか？　私はカウンセラーとして、多くの人の悩みを聞いてきました。その中で、よく耳にしたのが「本当は違うことがしたかった」「家族の影響でこの仕事になった」という言葉です。
特に私が活動している医療業界では、親が医者や看護師だったから、とその道を選んだ人が少なくありません。「自分で選んだわけではない」「他の選択肢があったかもしれない」と思っている人はかなりいるのです。

日常生活の中で、ふとしたきっかけから「あのときに○○に挑戦してみたかった」「○○に興味があったのに……」という思いが湧くことはありませんか？　それは、あなたの心の奥に眠る本来の姿かもしれません。しかし、多くの人は、その姿に気づいても、実現するのは無理だと思い諦めてしまいます。これが、人生の楽しさや充実感を失わせ、自信の喪失やストレスを引き起こす原因になります。

人生を幸せなものにするためには、「価値観」が重要です。価値観とは、何を大切にし、何を目指して生きるかという基準です。これは、おおよそ6歳までに形成され、よかれ悪しかれ、その後の人生に大きな影響を与えます。

たとえば、「自分はダメな人間だ」といった否定的な認識から生まれる価値観は、可能性を狭めてしまいます。

では、どうすれば「理想の人生＝ありたい姿」を実現できるのでしょうか？　その方法を「五感式人生脚本」として紹介します。これは、人間が持つ感覚器を活用して、人生を自動的によい方向へと導くやり方です。

ご存じのとおり、人間には視覚、聴覚、触覚、嗅覚、味覚を司る5つの感覚器があり、これらは外界からの情報を脳に伝え、感情や行動を決定するのに役立ちます。感覚器は本能と密接に関係しています。たとえば、好きな香りや味は心地よく、嫌いなものは不快に感じますよね。これは感覚器が自分にとって良いものと悪いものを区別しているからです。

■8つの本能的衝動とは？

人間には、人生を豊かにし、生きる力を高める「8つの本能的衝動」が備わっています。それらは次のようなものです。

①人生を楽しみ、長生きしたい
②食べ物、飲み物を楽しみたい
③性的に交わりたい
④快適に暮らしたい
⑤痛みや恐怖から逃れたい
⑥他人に勝り、世の中に遅れを取りたくない
⑦社会的に認められたい
⑧愛する人を気遣い、守りたい

これらの衝動は本能の部分で感覚器と強く結びついており、感覚器が刺激されると、身体も心も自然に反応します。例えば、「明日の試験に合格しなければ」と自室で一生懸命に勉強しているときでも、火事が起きればすべてを放り出して逃げ出すはずです。なぜなら、生存が最も重要だからです。交通事故の際も同じです。重傷を負えば、痛み

や恐怖から逃れることが最優先となり、夕食の献立について考える余裕はなくなります。

感覚器と本能的衝動は、日常生活で人生の選択を左右し、五感式人生脚本はこれらを味方につけ、望む人生に近づけることを目的としています。

人生は選択の連続です。あなたに残された時間は限られていますが、人生の価値は長さではなく、深さや温かさにあります。五感式人生脚本で、自分らしい人生を楽しみましょう。

◆大切なポイント

あなたは自分で人生を選んでいますか？　多くの人は環境や幼少期に身につけた価値観に影響され、望む人生を歩めていません。人生は選択の連続です。深く温かい人生を一緒に楽しみましょう。

3 あなたの五感タイプを診断する

この項では、あなたの五感タイプを診断し、それぞれのタイプに適した人生脚本の作成方法を紹介します。五感タイプとは、日常生活でどの感覚が優れているか、どの感覚に惹かれるかという傾向を示すものです。

五感――嗅覚、味覚、聴覚、視覚、触覚を使って、私たちは感情や思考をコントロールし、周囲の環境に適応します。しかし、多くの人は無意識に五感を使うだけで、意図的に活用して人生脚本に役立てることはほとんどしません。

では、この五感を意識的に活用することには、どんなメリットがあるのでしょうか？

私は北京五輪の際、メンタルトレーナーとして、体操や柔道などの選手たちをサポートしました。

そのときに重要だったのは、選手たちの呼吸をコントロールすることでした。呼吸を深くすることで、筋肉の緊張をほぐし、心の奥に溜まったストレスや不安を解放することができます。

呼吸誘導の際に、私が最も効果的だと感じたのは、グレープフルーツの香りを使うことでした。グレープフルーツの香りの主成分は「リモネン」という物質です。この物質は、自律神経に作用して、集中力を高めるとともに、脳内でリラックス効果をもたらすα波を増やします。その結果、物事をポジティブに捉えられるようになります。

このように五感は心身に大きな影響を与えますが、感覚の鋭さや影響の強さには個人差があります。相性のいい感覚を知ることで、自分に合うリラックス法やコミュニケーション法を見つけることができます。

■五感タイプを診断しよう

五感の特徴を診断するために、以下の項目が当てはまるかどうか、直感で答えてください。５段階で評価し、どちらとも言えない場合は「３」、強く当てはまる場合は「５」、全く当てはまらない場合は「１」とします。

①少しの匂いが気になってしまう
②水の味の違いが分かる
③耳は良い方で「地獄耳」と言われる
④ものごとを記憶するときには画像（映像）として覚える
⑤痛みに敏感な方だ
⑥聞いたことをよく覚えている
⑦大好きな香りがある
⑧ふわふわしたものを触るのが好き
⑨食べ物にこだわりがある
⑩洋服選びに失敗すると落ち込む

10個の項目は五感別に分類されており、項目①と⑦は嗅覚、項目②と⑨は味覚、項目③と⑥は聴覚、項目④と⑩は視覚、項目⑤と⑧は触覚です。

それぞれの項目が当てはまる度合いの点数を合計して、10点満点で評価します。例えば、私は触覚に関する項目⑤と⑧がどちらも5点満点だったので、触覚との相性がいいことになります。実際の私は日常生活で、愛犬と触れ合ったり、フワフワの毛布にくるまったりするのが大好きです。

辛い時はスタッフにハグを求めたり、結婚するときにはパートナーに「毎日ハグをする」と約束したりしました。しかし、最近はその約束を忘れてしまっています。人生の脚本を見直す必要がありますね。

あなたは、どの感覚と相性がいいのでしょうか？ 診断の結果をもとに、自分に合ったリラックス法やコミュニケーション法を探してみてください。

◆大切なポイント

五感タイプを診断し、それに基づいた人生脚本を作成してみましょう。五感タイプは、あなたが優れているか、または惹かれる感覚を示します。

4 人生脚本を描く前に知っておく5つの性格傾向

映画の主人公のように、私たちの人生にも様々なキャラクターが存在します。日常生活では、状況に応じて異なる役割を演じ分けています。

たとえば、あなたが会社を経営しているとしましょう。仕事場では状況に応じて、厳しく怖い社長を演じることもあるはずです。しかし家に帰れば、子どもの前では優しい父親になり、奥さんの前では甘える子どものようになるかもしれません。人はいくつもの顔をもち、日常生活の中でそれらを使い分けているのです。

しかし、これらのキャラクターが本来の自分からかけ離れていると、演じる時間が長いほど、心身に悪影響を及ぼす可能性があります。

では、本来のあなたはどんな人なのでしょう？　それを知る手法のひとつに「エゴグラム（交流分析）」と呼ばれる性格診断テストがあります。

■エゴグラム（交流分析）による性格診断

エゴグラムは、イギリスの心理学者エリック・バーンが提唱した交流分析に基づく性格診断テストです。このテストを通じて、自分の性格傾向や行動パターンを把握し、自己理解を深めることができます。

誰でも簡単に取り組めるのに加え、グラフ化された結果を見れば、自身の特徴が視覚的・客観的にわかりやすく捉えられるので、学校や企業など幅広い場面で用いられています。

エゴグラムでは、自我状態の「思考・感情・行動」のもとになる心のエネルギーを5つのカテゴリーに分類し、50の質問に答えることで、どのエネルギーが高いのか分析します。

ご自身はもちろん、周りの人にもやってもらえば、家族や仕事仲間についても性格の傾向を把握できます。

今回は五感式人生脚本へとつながるよう、代表的な５つの性格について解説します。

《エゴグラムにおける5つの性格カテゴリー》

① CP（Critical Parent：厳格な親）

Pは親の影響を取り入れて作り上げられた特性であり、CPは父親的・批判的な親の自我状態を表します。CPが高いと、規則・規律を重んじ、理想や目標に向かって進むことができるなど、肯定的な面では道徳的・倫理的・理想の追求などの特徴があります。その一方、物事はこうあるべきといった信念が強いだけに、自分の価値観を絶対のものとして他人を批判するなど、支配的・威圧的な側面もあります。

② NP（Nurturing Parent：保護的な親）

NPは母親的・保護的な親の自我状態を表しています。優しい親（母親）のような役割を担い、世話好き・温かいといった特徴があります。しかしNPが強すぎると、相手を甘やかしたり、過干渉・過保護になりやすい側面もあります。

③ A（Adult：大人）

冷静・合理的で客観的な判断を行いますが、冷淡で人間味に欠ける場合があります。落ち着きがあり、安易には近寄りがたいほどよい冷たさを含んでいます。

④ FC（Free Child：自由な子ども）

活動的・積極的で創造的ですが、自己中心的・わがままに見られることがあります。

⑤ AC（Adapted Child：順応した子ども）

素直で協調的ですが、消極的・依存的になりやすく、精神疾患になりやすい傾向が強い場合があります。

◆大切なポイント

エゴグラムを用いて自分の内面を診断し、強みや弱み、他者との関係性を理解しましょう。結果を活かすことで、幸せや成功への道を見つけることができます。

5 人生のシナリオを描くための5つの準備

理想とする「人生のシナリオ」を描き始める前に、あなたが準備しておくべきことをお伝えします。まず、はじめに取り組むべきことは、あなたを取り巻く「生活空間」「環境」を整えることです。

「環境」はあなたの人格や行動に大きな影響を与えます。医療現場やカウンセリングでも、環境を変えることで、物事がより良く進むことが分かっています。

さて、あなたは犯罪を犯す未成年者の共通点をご存じでしょうか？　犯罪に手を染めてしまう子どもたちの生活習慣を調べると、次の3つの共通点があることがわかります。

①部屋の中がいつも散らかっている。特にキッチン（水周り）が汚い状態で、汚れたお皿などが散乱している。
②日常的に、コーラなどの清涼飲料水を飲んでいる。
③週の半分以上の食事がインスタント食品である。

この状況から推測すると、犯罪を起こす未成年者は、親や家族との関係も良くないか、1人暮らしをしている可能性が高いと思われます。

カウンセリングにも、「あなたの部屋の様子は、今のあなたの心の中と一緒」という言葉があるほどで、日頃から生活している部屋の環境は重要だといえます。

食べるものも性格に影響します。犯罪者や鬱傾向の人は、甘いものや加工品を好む傾向があります。

栄養不足や血糖値の乱高下は精神的な安定を崩してしまうのです。バランスのよい食事をとることは、身体だけでなく心の健康にもつながります。

■人生のシナリオを描く

あなたがクリエイティブな状態で、「人生のシナリオ」を描くためには、どうすればいいでしょうか？

まず、あなたに質問があります。最後に携帯も持たず、予定も入れず、気の向くまま自由に1日を過ごしたのはいつですか？

実は、このような時間が、あなたの「素」の自分に出会える最高のチャンスなのです。何もしないでいると、本当にやりたいことや感じていることが浮かんできます。

アメリカで大成功を収めたある企業のCEOは、毎月2日間は誰とも連絡を取らずに、自然の中で静かに過ごすそうです。彼はその時間を『クリエイティブDAY』と呼んでいます。

時間に追われてばかりいると、本当の自分の声が聞こえなくなります。

ですから、下記の5つを意識し、最高傑作となるあなた自身の「人生シナリオ」を書く準備をしましょう。

《人生脚本を描く前準備》

①部屋を掃除する

優先すべきは、水回りです。キッチンのシンク、トイレ、洗面所、お風呂場です。トイレやお風呂場は、自分が入るたびに掃除することがポイントであり、毎日、お風呂に入るたびに排水溝まで掃除をすれば、時間短縮にもなります。

②十分な睡眠をとる

7～8時間を目安にしましょう。睡眠には個人差があると言いますが、3～4時間の人は、アルツハイマー型認知症になる確率が高いという統計があります。

また、昼寝30分以内で、夜間の睡眠の3倍になり、集中力も上がるという研究がありますので、午後3時までの昼寝はお勧めです。

③自然の中に身を置く

２日間森林で過ごすだけでも、自分の身体をウイルスから守るＮＫ細胞が活性し、免疫力が１・５倍に増加します。同時にストレスホルモンのコルチゾールが減ります。

④携帯電話を身体から離す

私たちの体は、電磁波の悪影響を多大に受けます。携帯電話は、電子レンジと同じマイクロ波を発しているので、水分が多い脳細胞を変異させます。寝るときは、携帯を４ｍ以上離して下さい。間違えても頭の上におき、目覚まし代わりにはしないでください。

⑤食べないものを決める

良いものを食べるようこだわるより、悪いものを体の中に入れないことが重要です。加工品、ラクトアイスは買わないなど、自分で決まりごとを作ってみてください。

◆大切なポイント

人生のシナリオを描く前には準備が必要です。部屋や食事などの環境を整え、自由な時間を作り、自分に向き合うことが大切です。環境が人を作ることを覚えておきましょう。

6 あなたを輝かせる秘密のノート（五感式人生脚本）の作り方

ここでは、あなたが心から望むものを手に入れるための「秘密のノート」の作成についてお話しします。自分の人生のシナリオは自由自在に描くことができます。あなたが主役であり、監督であり、脚本家です。今、この瞬間から、新しい人生が始まると思うとワクワクしますね。

【人生脚本の準備はたった3つ】

1．ときめくノート1冊

見るだけで、心がワクワクするようなノートをご用意ください。シンプルなものでも良いですし、自分がときめくように飾り付けても良いです。大好きな人や場所の写真を貼る、または好きな文字を書くなど、コラージュして、あなただけの『人生脚本ノート』を作ってください。

2．楽しむ心

人は楽しめなければ、長続きしません。人生とは「冒険」です。人生脚本はあなたの命が続く限り書き続けるものなので、かなりの長丁場になります。楽しみながら計画できれば、あなたはきっと夢中になれるはず。

「～すべき」「～しなければ」、などの言葉は自分の行動を縛り付けてしまいますから使わないようにしてください。自分が好きなもので、人生をいっぱいにしていきましょう。

3. 素直な心

素直とは、決して従順であることではありません。何歳になっても、自由で開放的な気持ちを手放さないでいてください。約束です。あなたの「制限のない可能性」を手放してはいけません。人間関係や仕事、恋愛や結婚にも深く影響するからです。何が起こったとしても、柔らかい心で素直に受け入れ、相手を思いやれば、「強さと優しさ」ができあがっていきます。

今あげたアイテムはたった3つですが、これらはあなたの望みを叶えるのに十分なものです。ノートの準備はすぐにできますが、「楽しむ心」と「素直な心」はいつも意識していないと、ついつい忘れてしまいがちです。

人生脚本では「心の海」も扱います。心の中にある海とは、あなたの無限の可能性とエネルギーの源である潜在意識の領域部分です。自分の想像を超えた場所まで、いつの間にか波に乗せて運んでくれます。私自身がそうであったように。ですから、あなたにもその気分を味わってもらいたい、と心から願っています。

ここで、「人生の成功は、生まれもった部分で決まっているのでは?」という疑問を持っている人のために、両親から譲り受けた「遺伝」についてもお話しておきます。

親から遺伝的に引き継ぐ要素は、約50%との医学的な研究結果があります。しかし実際は、何の努力もしなければ受け継いだ部分の90%は使われないことが多く、大半は眠ったままです。つまり遺伝的要素の約10%は自然に表れますが、残りの約90%は生涯使われず、後天的に身につけた要素に代替されるのです。

例えば、一卵性の双子や三つ子は、もともと同じ受精卵が分裂して発生するため、DNAがすべて一緒です。しかし、環境が異なる別の家族に育てられた場合、身長、体重、顔つきなどに、血縁のある人とは思えないくらい大きな違いが見られた、という例が数多く報告されています。

世の中には、「生まれつき」の環境による不公平が存在しますが、自分が産まれ落ちた環境に点数をつけることに意味はありません。世間一般から見て、経済的に恵まれた環境であっても、不幸に感じる人は多くいますし、ささやかなことから幸福を感じ取れる人もいます。

■人生とは、全てが自分次第

今の世の中に、手足を鎖でつながれ、奴隷として扱われている人はいないはずです。あなたは自分の人生を自らの意志で動かすことができます。その結果に対しても、責任をとることができる素晴らしいチャンスに恵まれているのです。

失敗なくしては成長できません。そもそも、人生で「失敗」ということは存在しないと、私は信じています。1日でも早く試行錯誤しながら行動し、たくさんの経験をして、自分が主人公の映画を最高のものにすることが賢明な生き方です。時間は待ってくれませんから、時間だけは大切に扱ってください。

あなたという存在は、世界中であなただけ「唯一無二」です。そんなかけがえのないあなたの人生がこの先どうなるのかは、あなたが描く人生のシナリオ次第です。

これからの人生がどのように展開していくのか、ドキドキしてきたはずです。焦ることはありませんが、「今、ここから」始めましょう。

◆大切なポイント

自由に人生のシナリオを描くことで、新しい人生が始まります。ときめくノート、楽しむ心、素直な心の3つがあなたの望みを叶えます。人生は全てが自分次第です。

第１章のまとめ

・理想の自分になるためには、セルフイメージを明確にしましょう。あなたの人生の物語はあなただけが描き、演じるものです。自分のキャラクターは誰かに指図されたり強制されたりすることなく、自由に選ぶことができます。

・あなたは自分で人生を選んでいますか？　多くの人は環境や幼少期に身につけた価値観に影響され、望む人生を歩めていません。人生は選択の連続です。深く温かい人生を一緒に楽しみましょう。

・五感タイプを診断し、それに基づいた人生脚本を作成してみましょう。五感タイプは、あなたが優れているか、または惹かれる感覚を示します。

・エゴグラムを用いて自分の内面を診断し、強みや弱み、他者との関係性を理解しましょう。結果を活かすことで、幸せや成功への道を見つけることができます。

・人生のシナリオを描く前には準備が必要です。部屋や食事などの環境を整え、自由な時間を作り、自分に向き合うことが大切です。環境が人を作ることを覚えておきましょう。

・自由に人生のシナリオを描くことで、新しい人生が始まります。ときめくノート、楽しむ心、素直な心の3つがあなたの望みを叶えます。人生は全てが自分次第です。

第2章

自分のキャラクターを見つける方法

1 自分の理想像を描こう 知っておきたいセルフイメージの重要性

この章では、理想とするキャラクターに自分を近づける具体的な方法を解説します。あなたは、理想の人生を送っていますか？　答えが「ＹＥＳ」なら素晴らしいことです。しかし、そうでないと感じるなら、あなたは自分の人生の主人公になれていないかもしれません。

■人生の主人公になれば、望むことを実現できる

人生の主人公とは、自分の望むことを実現して幸せを追求している人のことです。人生の主人公になるためには、「どんな人になりたいのか」「どんなことをしたいのか」「どんな人生を送りたいのか」を明確にする必要があります。

では、どうやって人生を明確にするのでしょうか。その方法の一つが、「人生脚本」の作成です。「人生脚本」とは、自分の人生を映画のように物語化して、自分の理想の姿や目標を書き出したものです。「人生脚本」を書くことで、心の中にある本当の願いや夢を見つけられます。

人生脚本を書くには、まず、『人生脚本ノート（ときめくノート）』を用意します。このノートは、自分だけが書いたり読んだりできるきわめてプライベートなものとして扱ってください。決して、誰かに見せてはいけません。

ノートには、自分の理想の人生に関することを思いつくままに書き込んでいきます。なお、ペンをとってなにかを書き込むときは、日付けを忘れずに記入してください。

では、早速始めてみましょう。まずは、自分が思い描いている理想の自分を書き出してもらおうと思いますが、その前にひとつ質問があります。

「あなたは、この人生でなにをしたいですか？」

この質問に答えることで、人生の目的地が決まります。目的地が決まらなければ、どこに向かって進めばいいのか、わからなくなってしまいます。

あなたの人生の目的地は、決まっていますか。もし、今すぐに答えられるなら、思いついたことを『人生脚本ノート』に書き込んでください。

なるべく具体的に書く方がよいのですが、はじめはあいまいでも構いません。たとえば「家族と幸せに暮らす人生」「病気の人を助ける人生」「日本の文化を伝える人生」など今、頭に思い浮かんだことをそのまま書いてください。

もしも、なにも書けなくても大丈夫です。目的地がわかっていない、という現状を知ることも、大切な一歩になるからです。書けない方は、「書けなかった」とか「考え中」と書いておいてください。

実際、「この人生でなにをしたいのか？」と尋ねられて、即答できない人は少なくありません。何となくはわかっていても、言葉にするのは難しいものですよね。それは、自分の人生について、しっかりと考えたことがないからかもしれません。

■自分の理想の姿とは

目的の次は、自分の理想の姿を思い描いてみましょう。目を閉じて、自分の前に映画のスクリーンがあると想像してください。そのスクリーンには、あなたが理想とする自分自身の姿を映し出しましょう。

理想のあなたはどんな服装をしていますか？　どんな言葉を話して、どんな表情をしているでしょうか？　性格はどんな感じでしょうか？　仕事はなにをしているでしょうか？　家族や友人はどんな人たちでしょうか？　趣味や好きなことはなんでしょうか？　夢や目標はなんでしょうか？

ここで大切なのは、自分の現状や現実を気にせずに、自分の理想を思い切り想像することです。夢を見ることは自由です。

まずは、自分の心の中にある理想を、『人生脚本ノート』に書き込んでください。うまく書こうなどと思わず、思いつくまま箇条書きで書くことがポイントです。

今までに考えたこと――自分の人生の主人公になりたいと思ったことや、やってみたかったこと、関わりたかった人たちなどを、脳はすべて記憶しています。ですから、どんどん書き出してください。きれいに書かなくても大丈夫です。読める程度の文字で問題ありません。

もしも理想の自分についてなにも書けない時は、自分が理想像として憧れる人を思い出してみてください。そうして、その人のことを書くのです。女優の○○さんや上司の○○さん、自分の親兄弟など、誰でもかまいません。リアルな人物を思いつかない場合には、今までに読んだ本の主人公や偉人、架空の人物でも大丈夫です。

理想の自分像はできるだけ具体的な方がよいので、最低でも30〜50個くらいの項目を書き出しましょう。特に、初めてトライするときは、数日かけて「もう出てこない」と思うまで書いてください。

例えば、「性格は明るくて元気」「服装はシンプルでおしゃれ」「大好きな人と結婚して幸せに暮らす」「犬を飼って散歩するのが楽しみ」「子育てしながら料理教室を開いている」など、理想像のかけらならなんでもありです。

カテゴリー別に考えてみるのもおすすめです。「性格」「外見」「家族」「仕事」「友人」「趣味」「夢」など、自分の人生に関することを分類して書いてみてください。

《Sさん（30代自営業・女性）の事例》

以下は、私がカウンセラーとして関わった30代の女性、Sさんの事例です。

Sさんはバリバリ仕事ができ、見た目もきれいで華やかです。「仕事面では、自分が望んだことは、ほとんど現実になるのです」と、自身について彼女は語りました。実際、仕事に関することは目標をしっかり設定し、実現に向けて素早く行動する習慣を彼女は備え持っていました。

しかし、恋愛になると彼女はまったく別人でした。「彼氏ができないのです」と言いながら、仕事にばかり時間をかけ、出会いのチャンスがありそうな場所に出かけようとしません。結婚したい時期や子どもの人数など、具体的な目標設定もまったくありませんでした。

そんな彼女に私は、「理想像の書き出し」をすすめました。最初のうちは彼女から出てくるのは仕事関係の事柄ばかりでした。「プレゼンが大成功して拍手喝采を浴びている」とか「ビジネスクラスに乗ってドバイの顧客を訪ねる」といったものです。

少しずつ恋愛に関係する事柄が出始めたのは、「**人生脚本**ノート」を始めて、1か月あまり過ぎてからだったと記憶しています。

「週末、彼の部屋で映画を観ている」「身体を動かすことが好きな彼に誘われて、一緒にジムに行く」というような理想を書くようになって、彼女の意識は少しずつ変わっていきました。恋愛物語の主人公として、自分をイメージできるようになったのです。

あなたもぜひ、理想の主人公を書き出してみてください。心の中、潜在意識に潜んでいる自分の声を人生脚本へと落とし込んで、「なりたい自分」を視覚で確認してみましょう。きっと驚きの効果を実感するはずです。

◆大切なポイント

自分だけの「人生脚本ノート」に、自分がしたいことやなりたい姿を思いつくままに書き込んでいきましょう。あなたの心の中に潜む本当の願いや、夢を見つけることができるはずです。

2 自分の強みと弱みを理解しよう

人生を変える歩みの一歩目は、自分の「長所＝強み」と「短所＝弱み」を知ることです。私は個人カウンセリングのクライアントには、自分の「強み」と「弱み」各10個以上を思いつくまま『人生脚本ノート』に箇条書きで書いてもらいます。

弱みについては、無理に探さなくても構いません。自分の中にあるものを素直に書き出してみてください。

こんな風にアドバイスすると、「私の長所は、1つもありません」という方もいらっしゃいます。私の講座に参加した方の5人に1人は、自分の長所の欄が空白でした。真っ白な長所欄は「自分が好きではない」「自分に自信が持てない」ということを示しています。

自分の長所をたくさん書ける人は、他人の良いところを見つけるのも上手です。逆に、長所は思いつかずに、自分の弱みばかり書いてしまう人には、他人の欠点にばかり目を向ける傾向があります。

では、どうすれば自分の長所や短所を見つけることができるのでしょうか。

《Aさん（20代・女性・会社員）の事例》

Aさんは、自分の長所をなにも書けませんでした。その代わり、短所はたくさん書きました。

〈短所〉

①性格が暗い

②人が嫌い

③ 感情の起伏が激しい
④ 衝動買いをする
⑤ お金がない
⑥ 顔だちに魅力がない
⑦ 痩せすぎている

Aさんは自分のことを否定的にしか見ていない、と感じた私はAさんに宿題を出しました。自身の長所と短所を友人や家族に聞いてもらうことにしたのです。自分では気づかない、自分の良いところに気づいてほしかったからです。

1週間後、Aさんは宿題を提出してくれました。すると、驚くべきことに、長所の欄には、たくさんの項目が書かれていました。半分以上は友人やご家族から教わったものでした。

〈長所〉

①お料理が上手
②世話好きで、綺麗好き
③優しい
④スリム
⑤字が上手
⑥ピアノが上手

Aさんは周りの方の力を借りることで、ひとりでは見つけられなかった自分の魅力を発見できたのです。このように、友人や家族からのフィードバックは、自分の評価を高めるのに役立ちます。

Aさんには次に、自分の短所をどうしたいのか、書いてもらいました。最初にあげた短所について、どう改善したいのかコメントを入れるようアドバイスしたのです。

①性格が暗い➡明るくふるまう
②人が嫌い➡人の良いところを見るようにする
③感情の起伏が激しい➡穏やかになる
④衝動買いをする➡計画的に使う
⑤お金がない➡収入を上げる
⑥顔だちに魅力がない➡笑顔を褒められるようになる
⑦痩せすぎている➡健康な女性らしい体型を目指す

このように、Aさんは、自分の短所をポジティブに捉えられるようになりました。短所は、自分を成長させるチャンスでもあるのです。

ここまでくれば、あとはもう一息。最後にAさんが取り組んだのは、短所を改善するために必要な行動の考案でした。なるべく具体的かつ明確で、実行可能な行動を『人生脚本ノート』に書いてもらいました。

①明るくふるまう
➡笑顔で、自分から挨拶をする

②人の良いところをみる
➡1日3回人を褒めることを実行する

③穏やかになる
➡呼吸法や瞑想を取り入れる

④計画的に使う
➡自動引き落としで、貯金できるようにして、どうしても買いたいものだけ買う

⑤収入を上げる
➡〇〇円あれば良いのか書き出す（現状の把握も）&副業の案

⑥笑顔を褒められるようになる
➡表情筋や笑顔のトレーニングをする。鏡を見て毎日、笑顔で自分に挨拶する

⑦健康な女性らしい体型を目指す
➡食事の内容を書き出し把握する。栄養学について学ぶ

■習慣になるまで継続する

Aさんのように短所を克服する方法を具体化できた人も、それで「めでたしめでたし」ではありません。行動が習慣になるよう、継続する必要があります。

『人生脚本ノート』は毎日持ち歩いてください。そうして、なにかを思いついたら、すぐさま書き足し続けていると、短所の改善につながる行動がクセになります。

はじめは、どんなに些細なことからでも良いのです。

たとえば、私のところにやって来たクライアントの中に、自分の顔が嫌いで過去1年ほど鏡をまともに見たことがない、という50代の女性がいました。あるとき、乗っていた電車がトンネルに入ると、ひどく不機嫌そうな女性が窓に映ったのだそうです。「それが自分だと気づいた瞬間、背筋がゾッとした」と彼女は語りました。

私が彼女に出した宿題は、毎朝毎晩5回ずつ、自分の顔を鏡に映して「私の笑顔は周りを幸せにする」と笑顔で語りかけてください、というものでした。3か月ほどで、彼女は笑顔が素敵な女性に変身しました。目鼻立ちを変えたわけではないのに、明るい表情で笑うだけで、自分でも魅力的だと感じられるルックスを実現できたのです。

長所と短所は、表裏一体です。頑固は芯が強いと言い換えられますし、優柔不断は気が長いと言い換えられます。喜怒哀楽が激しいというのは、情熱的ということです。ですから、短所だと感じる部分があるなら、自分の都合が良いように書き換えればよいだけなのです。

◆大切なポイント

自分の長所と短所を知ることは、自分を好きになり成長するための出発点です。短所は、改善する具体的な方法を自身で見つけて続けることで、改善できます。また、ポジティブにとらえ直せば、うまく付き合えるようになります。そういった活動は習慣になるまで続けることが大切です。

3 自分の不安や悩みをたな卸しして悪い習慣を絶つ

あなたは、自分の人生を思い通りにコントロールできていますか？　もし、あまりできていない、と感じるなら、日常の習慣を見直す必要があります。なぜなら、理想の人生を歩んでいる人は、自分の人生脚本に沿った「習慣＝行動」を身につけているからです。今回は、あなたの習慣を改善し、良い習慣を身につける方法をお教えします。

あなたは自分が、1日に何回くらい選択をしているのか、知っていますか？

答えは、**「3万5000回」**です。

驚きましたか？　これは、ケンブリッジ大学のバーバラ・サハキアン教授の研究チームが明らかにした数字です。私たちは、同じ種類の決断を下すときでも、状況に応じて無意識に対応を変えています。

朝の歯磨きは1本ずつ丁寧に磨くか大雑把にすますか、その日の気分や時間によって違いますよね。また、昼食は、ひとりで食べるのか、誰かと一緒に食べるのか、その場の雰囲気やメニューによって選びますよね。私たちは、言語や食事や行動などの基本的なことだけでも、1日に平均2万回以上も選択をしています。

さらに、歩く、座る、走るなどの身体の動きや、仕事や家庭での日常的な決断も含めると、約3万5000回にもなります。あなたは、朝から晩まで、そして寝ている間すら、今までの人生で積み重ねてきた『習慣』に基づいて選択しながら生きているのです。

多くの人は負荷を意識せずにそういった大量の選択をこなしていますが、中にはパンクしてしまう人もいます。

今日はどんな服を着るか、夕食はなにを食べるか、休日はなにをするか、などの個人的なことや、仕事でのトラブルの対処法や上司への報告や、取引先へのメールなどの職業的なことなど、選択しなければならないことがあまりにたくさんありすぎて、脳が機能不全に陥ってしまうのです。

■クネビンフレームワークの考え方

選択に行き詰まったときに使えるものにクネビンフレームワークという考え方があります。これは、アメリカのＤＡＲＰＡ（国防高等研究計画局）など、高度な意思決定を求められる機関が使っている手法です。この手法を使うと、自分が今直面している状況を整理し、最適な決断へと自身を導くことができます。

クネビンフレームワークでは、状況を以下の４種類に分けます。

①やるべきことがわかっているけど決断できない：単純＝simple
②どの選択肢がいちばんいいかを決断できない：面倒＝complicated
③予測できないことだから決断できない：複雑＝complex
④答えがないから決断できない：混沌＝chaotic

私たちが毎日直面し、選択を迫られる状況はこの４つに分類されているので、どれなのかを見分けることで、決断を下しやすくなります。

■自力でどうにかできるものと、できないものを仕分ける

次に、あなたが現在抱えている『不安や心配事』をリストアップしてみましょう。ここでは、思いつく限り、小さなことから大きなことまですべてを書き出しましょう。人生脚本を妨げている「問題のたな卸し」をするのです。

例えばこんな感じです。

✓ 朝早く起きられない
✓ 甘いものがやめられない
✓ 部屋の観葉植物が枯れてしまう
✓ ネコを飼いたいが家族に反対されている
✓ 旅行に行く時間がない
✓ ○○をしたいのに、できていない

✓仕事の○○のスキルが上がっていない
✓政治が信用できない
✓未来が怖い
✓親との関係が良くない

プライベートなことから仕事、家族、将来、過去のトラウマなど思いつくことはいろいろとあるはずなので、書き出すのに、数日かかってもかまいません。ただし、期限を決めてください。3日なら3日と決め、自分にプレッシャーをかけると、問題に向き合いやすくなります。

あなたが抱えている問題を書き出せたら、すべてを下記の1と2に分けます。

1. 自分で、どうにかできること
2. 自分では、どうにもできないこと

さらに、1の「自分で、どうにかできるもの」を3つに仕分けします。

①早く決断した方が良いもの
②今、決断しなくてもよいもの
③どうでもよいもの

この仕分けをする目的は、「自分で、どうにかできるもの」のみに、日頃から焦点を合わせることにあります。無駄を省いて『最善の選択をする習慣』を身につけることができるのです。

《Tさん（30代・女性）のケース》

彼女は「日本がどうなるのか心配」「結婚できるのか不安」という2つの悩みを持っていました。前者の日本については、彼女にはどうすることもできませんから、2の「自分では、どうにもできないこと」に分類します。

一方、結婚できるのか、という悩みは、1の「自分でどうにかできること」に分類します。彼女自身の行動や価値観で結果を変えられるからです。

価値観については後で詳しく解説しますが、行動のみを変えても上手くいきません。よくあるケースが、「結婚＝不幸」の価値観が潜在意識にある人です。結婚したいと思っていても、潜在意識の中に結婚に対するマイナスのイメージが潜んでいると、決して上手くはいきません。Tさんはまさにそのタイプでした。

そんな彼女が幸福な結婚生活を実現するためには、価値観を「結婚＝幸せ」に書き換える作業を優先する必要があります。

私のカウンセリングを受けたTさんはいろいろなワークを経て、無意識レベルで構築された「結婚＝不幸」を「結婚＝楽しく作り上げていくもの」に換えていきました。そして、結婚に向けて積極的に行動する人生脚本を描き、2年後に愛する人と結婚しました。

「自分で、どうにかできること」「自分では、どうにもできないこと」の仕分けには大きな意味があります。人生に深く影響するような悩みでなければ、「悩んでいても仕方ないこと」だと自分自身が知ることだけで、精神的に楽になります。

また、今決断すべき問題か、先送りにしてもよい問題なのかを整理すれば、時間に余裕ができます。ぜひ、悩みや不安のたな卸しをしてみてください。

◆大切なポイント

人生を主人公としてコントロールするには、習慣を見直すことが大切です。人は1日に3万5000回もの選択をしています。優先順位をつけて、行動と価値観を融合することで、習慣に流されることなく、最適な選択ができるようになります。

4 自分の口癖を見直そう　言葉は未来を作り出す

あなたは、自分の「口癖」に気づいていますか？　毎日、さりげなく使う言葉が、あなたの未来を創っているのです。言葉はただコミュニケーションに使うだけの道具ではありません。『言語』は、私たち人間の歴史や文化、生き方、価値観を受け継ぐＤＮＡ（遺伝子）ともいえるものです。

日本には、『言霊』という考え方があります。古くから、言葉には深い力と神秘が宿ると信じられてきました。漢字が伝わる以前から日本で使われていた言葉が、「大和言葉（和語）」です。大和言葉では、言葉を『言（こと）の葉（は）』と呼びます。「凝止ノ葉」と書き、心に溜まったものが、ハ（葉・歯・刃・羽）として飛び出すという意味です。ハは出る、払う、膨らむなどの意味を持ちます。

また日本語の48音には、一つ一つに意味があります。「あ」は開放・開（ア）く・明るい、「う」は閉鎖・うつむく・埋める、「て」は本体からの伸出・手・出るなどの意味です。言葉とともにエネルギーが流れ出る、世界最古の豊かで貴重な言語なのです。

■口癖やよく使う言葉を振り返ってみよう

さて、ここで、あなたの口癖や、よく使う言葉を振り返ってみましょう。朝から晩までの自分の言動を思い出し、少なくとも10個は書き出してください。

自分で思いつく言葉を書いたら、次に、家族や職場の仲間、友人などにも、聞いてみてください。

「私は普段、どんな言葉を使っていますか？」と尋ねると、意外な発見があるかもしれません。たとえば、朝起きて、目覚まし時計を止めるとき、「よし！　今日も１日良い日になるぞ」という人と、「あ～、眠い。だるい。会社に行きたくない」という人とでは、同じ１日の始まりでも雰囲気が全然違います。

《例：10代の学生》

・もう、無理！
・ヤバい！
・最低ｏｒ最悪
・面倒くさい
・だるい

《例：30代のビジネスパーソン》

・疲れた
・もう歳だから
・バタバタしている
・どうでもいい
・お金がない

《例：50代の主婦》

・寂しい
・忙しい
・時間がない
・私なんて……
・失敗するかも

口にした言葉を最初に耳にするのは自分です。しかし、言葉に出さなくても、頭で考えるだけでも、脳は反応します。詳しくは、脳の仕組みの章でお話しますが、「思うだけ」「いうだけ」でも、実際に行動しているのと同じ効果があります。あなたの言葉が「現実へとつながる道しるべ」になることを忘れないでください。

それでは、先ほどの口癖の例を見て、想像力をはたらかせてみてください。その言葉を使っている人は、どんな人でしょうか。どんな気持ちでしょうか。どんな人生を送っているでしょうか。

例えば、よく聞く「やらない言い訳TOP3」は、「もう歳だから」「お金がないから」「時間がないから」です。無意識にこのような言葉を使う人に私はよく、「今すぐ、その言葉をやめてくださいね。現状を変えたいなら、言葉を変えないといけません」とか、「あなたらしく生きるためには、もう二度と使わない方がいいですよ」とアドバイスします。

■言い訳禁止！　私の医院で起こったこと

ある時、スタッフがミスをしました。私はその原因と対策を聞きました。そして、このやり方では、仕事に支障が出ると伝えました。ところが、そのスタッフは、「はい、改善いたします」といわないで、「〇〇さんにいわれたんです」とか、「この医院に来た時に教えられたんです」といいました。つまり、自分は悪くない、教えられた通りにやっただけ、ということでした。

私はいつも、ものごとは、改善と進化のくり返しであると考えています。教えられたことよりもよい方法があるなら、変えるべきだと伝えました。考え方を変え、言葉を変え、行動するようにうながしたのです。でも、彼女はあらためることなく半年間「○○さんに言われたんです」と言い続けました。

このような習慣がついている人は人生においても、決して自分の理想に近づけませんし、仕事場では周りに悪い影響を与えます。私は伝えるべきことを伝えた上で半年待ちましたが、改善が見られなかったので彼女に告げました。

「この診療所内で、何かトラブルが起きた時に、○○さんから聞きました、など『自分には何の責任もない』という意味の言葉を使ったら、即退場です。自分で考えて改善する行動ができない人とは、一緒に働けません」

私が覚悟をもってその言葉を伝えたところ、その日を境に、当院ではまったく言い訳する言葉を聞かなくなりました。

では、実際に自分の口癖を書き換えてみましょう。例として2つのケースを紹介します。

《例①：入学から3か月で高校を退学した私の娘（当時15歳）》

「もう無理」➡「私にはできる」

「うっとうしい」➡「ありがとう」

「うざい」➡「感謝」

《他のクライアントさま》

「疲れた」➡「頑張った」

「ヤバい」➡「チャンス到来」

「歳だから」➡「どんどん魅力的になる」

「めんどくさい」➡「鍛えられるぞ」

「最悪」➡「最高」

「もう無理」➡「挑戦するぞ」

あなたも、ネガティブな言葉をポジティブに置き換えて見てください。言葉にはエネルギーが宿っていますから、必ずあなた自身の行動や心も変化します。

どんな言葉を選ぶかはあなた次第。自分にとって心地よい言葉に変えていきましょう。

◆大切なポイント

言葉には「言霊」という力があります。ネガティブなものはポジティブに変えましょう。私の医院では、言い訳する言葉をやめたら、仕事が改善しました。言葉を変えて、行動しましょう。

5 自分の感情をコントロールしよう 7つの感情と臓器の関係

感情のコントロールは健康にとって、重要なスキルのひとつです。しかし、感情は自分の意思とは関係なく、さまざまな場面で湧きあがります。それは人間の本能であり、よりよく生きたいというサインです。

感情を無視したり、抑圧したりするのは危険です。感情は、身体の臓器と密接につながっているため、バランスを崩すと病気の原因になります。

感情をコントロールするためには、まず自分がなににについてどう感じているのか認識することが必要です。自分の感情を知る方法のひとつは、五感を使って身体に起きる変化に注意を払うことです。

たとえば、怒りを感じたときには、顔が赤くなったり、心拍数が上がったりすることに気づくでしょう。悲しみを感じたときには、胸が締め付けられたり、涙が出たりすることに気づくでしょう。

自分の感情を認識したら、次に行うのは悪影響をおよぼす感情の浄化です。感情の浄化とは、感情を表現したり、解放したり、整理したりすることです。感情を浄化すれば、臓器のはたらきを正常に戻し、血や気の流れが改善されます。その結果、健康や幸せを取り戻すことができます。

感情と臓器の関係を学ぶことは、自分だけでなく、家族や友人の健康管理にも役立ちます。感情は、表情や態度、言葉にも表れます。相手の感情を読み取ることで、相手の臓器の状態や病気の兆候にも気づくことができます。また、相手の感情に寄り添うことは、相手の感情を浄化する手助けにもなります。感情には人と人とのつながりを深める素晴らしいはたらきがあるのです。

■7つの感情と臓器の関係を学ぶ

東洋医学では、人の感情を7つの種類に分けて、それぞれを臓器と関連づけます。喜・怒・思・悲・憂・恐・驚という7つの感情は、それぞれ特定の臓器に影響を与えます。感情が過度に強くなると、臓器のはたらきを乱し、血や気の流れを阻害します。その結果、さまざまな不具合や病気を発症することがわかっています。

東洋医学では人の体内にある臓器を五臓六腑と呼びます。漢方医薬において人間の内臓全体を表現する用語であり、五臓は「心臓」「肺臓」「肝臓」「腎臓」「脾臓」。六腑は「胃」「小腸」「大腸」「膀胱」「胆嚢」「三焦」を示しています。

それぞれの臓器に対応する感情と、その感情が過度になったときに起こる症状や病気は以下のとおりです。

・喜 ⬇ 喜びが過ぎると氣がゆるみ、「心臓」を傷つけます。集中力の低下、不眠や不安など精神的な影響を与えます。

・怒 ⬇ 怒り過ぎると気が上がり、「肝臓」を傷つけます。頭痛やめまい、目の充血、脳卒中、動悸、不眠などが起きます。

・思 ⬇ 考えすぎると「脾臓」を傷つけて氣は停滞します。消化吸収を損ない、腹痛や食欲不振、膨満感、軟便などになります。

・悲・憂 ⬇ 悲しみ、憂いが過ぎると、氣が消え「肺」を傷つけます。息切れや咳、胸の苦しさなどの症状がでます。

・恐 ⬇ 怖り過ぎると氣が下がり「腎臓」を傷つけます。大小便の失禁や、白髪の増加などが起こります。

・驚 ⬇ 驚き過ぎると氣が乱れ、「腎臓」を傷つけます。動悸、不眠、物忘れ、精神的な混乱が生じます。

《50代女性のケース》

彼女は長年連れ添った夫を交通事故で亡くしました。そのショックで、食欲もなく、眠れない日が続きました。しかし、子どもがいるため、強く振る舞っていました。お葬式の時でさえ、涙を見せませんでした。彼女は、自分の感情を抑え込んでいたのです。しかし半年後、急になにもかもが考えられなくなり、夫の元に行きたいとまで思うようになっていました。

彼女には感情の浄化のワークをしていただき、胸の奥にしまい込んだ「悲しみ」「憂い」「怒り」「不安」の気持ちを吐きだしてもらいました。ワークを終えた後、彼女は不意に涙を流して泣き始めました。心の奥底にしまい込んでいた感情を解放できたのです。

その後の変化は著しく、1年後には以前よりも明るくエネルギッシュに活動できるようになりました。

◆大切なポイント

感情をコントロールするには、自分の感情を認識することが必要です。感情と臓器の関係を知ることで健康や幸せを取り戻すことができます。感情と症状の関連性も理解しましょう。

第２章のまとめ

・自分だけの「人生脚本ノート」に、自分がしたいことやなりたい姿を思いつくままに書き込んでいきましょう。あなたの心の中に潜む本当の願いや、夢を見つけることができるはずです。

・自分の長所と短所を知ることは、自分を好きになり成長するための出発点です。短所は、改善する具体的な方法を自身で見つけて続けることで、改善できます。また、ポジティブにとらえ直せば、うまく付き合えるようになります。そういった活動は習慣になるまで続けることが大切です。

・人生を主人公としてコントロールするには、習慣を見直すことが大切です。人は1日に3万5000回もの選択をしています。優先順位をつけて、行動と価値観を融合することで、習慣に流されることなく、最適な選択ができるようになります。

・言葉には「言霊」という力があります。ネガティブなものはポジティブに変えましょう。私の医院では、言い訳する言葉をやめたら、仕事が改善しました。言葉を変えて、行動しましょう。

・感情をコントロールするには、自分の感情を認識することが必要です。感情と臓器の関係を知ることで健康や幸せを取り戻すことができます。感情と症状の関連性も理解しましょう。

第3章

脳の仕組みを理解して、自分を信頼する

1 脳はどのような仕組みではたらくのか？
脳の構造・機能・神経伝達物質

人生を変えるためには、脳の仕組みを知ることが大切です。脳は、感覚や運動、記憶、思考、生命維持などの機能を担います。

大脳・小脳・脳幹の3つの部分に分かれており、それぞれの部分は、次のような役割を果たしています。

《大脳》

大脳は人間の脳の中でもっとも発達している部分であり、前頭葉・側頭葉・頭頂葉・後頭葉の4つの『葉』に分かれています。大脳は、一次機能と高次機能の2つのレベルではたらきます。一次機能とは、五感から得た情報を処理する基本的な機能です。

一次機能で得た情報をより高度なレベルに引き上げるのが高次機能です。高次機能は、過去の経験や知識、言語などと関連付けて、理解や表現、記憶、思考を行い、目的や感情などを生み出します。

《4つの葉の役割》

前頭葉　注意や思考、感情をコントロールし、ものごとを整理、処理、実行する機能を担います。うつ状態などの精神疾患の際は、この前頭葉の機能が低下しています。

側頭葉　聴覚と関連しており、言語の理解、記憶、判断を司る他、感情を制御する機能を担っています。

頭頂葉　主に触覚と関連しており、身体の各部位の体性感覚や、姿勢の把握、形や手ざわり・重さなどの知覚情報をまとめるはたらきをしています。

後頭葉　視覚と関連し、形や色彩の認識したり動きを感じ取ったりします。また、物体を立体として認識したり、記憶と関連付けたりもします。

《小脳》

小脳には知覚と運動の調整をする機能があります。小脳は平衡感覚を司り、筋力の調節や細かい動作などをコントロールしています。小脳のはたらきが低下すると、ふらつきや手足の震え・協調運動障害などの症状が現れます。

小脳は、カリフラワーのような形をしていて、脳全体の重さの約10％しかありませんが、神経細胞の数は大脳の約４倍もあります。小脳は、複雑な運動をスムーズに行うために、多くの情報を処理しているのです。

《脳幹》

脳幹は生命維持に必要な機能を司っており、呼吸や血圧・心拍数・嚥下や咳などの反射、唾液や汗の分泌などを調節しています。脳幹は、間脳・中脳・橋・延髄の４つの部分からなります。感覚や運動の情報を大脳や小脳とやりとりするのも脳幹の役割です。

◆大切なポイント

脳は、大脳・小脳・脳幹の３つの部分に分かれ、感覚や運動、記憶、思考、生命維持などの機能を担います。脳の機能は、五感を司る一次機能と高度に処理する高次脳機能に分けられます。

2　4つの神経伝達物質がもたらす驚くべき影響とは？

脳は、神経細胞同士の情報伝達を行うために、神経伝達物質と呼ばれるさまざまな化学物質を使用します。これらの神経伝達物質は、脳の機能や精神状態に大きな影響を与えます。ここでは、脳内で重要な役割を果たす４つの神経伝達物質について紹介します。

①ドーパミン

ドーパミンは、やる気や幸せを感じるときに分泌される神経伝達物質です。なにかを達成したときや、スポーツで勝ったとき、楽しいことをしたときなどにドーパミンが増えます。

また、これから良いことが起こると期待したときにもドーパミンが分泌されます。ドーパミンは、達成感や喜び、快感をもたらすだけでなく、学習や記憶にも関係しています。ドーパミンが分泌されると、情報を一時的に記憶する能力＝ワーキングメモリの機能が高まり、新しいことを覚えやすくなります。

ドーパミンは、適度な量であれば、脳や心の活力を高めますが、過剰になると、問題が起きます。ドーパミンが多すぎると、実際にはない刺激を感じたり、幻聴や幻視などの幻覚や妄想を引き起こしたりします。これは、薬物、アルコールの乱用や、統合失調症などの精神疾患の原因になります。

逆に、ドーパミンが少なすぎると、やる気や興味がなくなり、意欲障害や認知機能障害を引き起こします。これは、うつ病やパーキンソン病などの病気につながります。

ドーパミンは、アドレナリンやノルアドレナリンという別の神経伝達物質の材料にもなります。これらの神経伝達物質は、運動やホルモンの調節にも関わっています。

②ノルアドレナリン

ノルアドレナリンは、緊張したり危機を感じたりしたときに分泌される神経伝達物質です。ノルアドレナリンは、生命の危機に直面し、「戦うか？　逃げるか？」という判断を迫られたときに、脳や身体の覚醒度を上げ、最善の行動をとれるよう、大量に分泌されます。また、痛みを和らげるはたらきもあるので、ケガをしたときにも分泌が増えます。

分泌される量が適度であれば、ノルアドレナリンは脳や体のパフォーマンスを向上させますが、過剰になると問題が起こります。ノルアドレナリンが多すぎると、不安や恐怖、焦りやパニックを感じたり、心拍数や血圧が上がったり、冷や汗をかいたりします。これは、ストレスや不安障害やパニック障害の原因になります。

一方、ノルアドレナリンが少なすぎると、眠気や倦怠感、集中力の低下などを感じたり、睡眠の質が悪くなったりします。うつ病や睡眠障害にもつながる恐れがあります。

③セロトニン

セロトニンは、他の神経伝達物質のバランスを調整し、精神の安定を助ける神経伝達物質です。気分や感情、食欲や睡眠などに影響を与えます。セロトニンが適切に分泌されると、緊張の緩和や安心、満足感が大きくなるので、ドーパミンやオキシトシンとともに、「幸せホルモン」と呼ばれることもあります。

セロトニンは、適度な量であれば、脳や心の安定を保ちますが、過剰になると、問題が起きます。セロトニンが多すぎると、頭痛や吐き気、発汗や震えなどの症状を引き起こし「セロトニン症候群」と呼ばれる重篤な状態に陥ることもあります。

逆に、セロトニンが少なすぎると、憂うつや不安、イライラや不眠などの症状につながります。うつ病や強迫性障害、過食症などの病気をもたらすこともあります。

セロトニンの生成量は、食事や睡眠などの生活習慣に影響されます。たんぱく質を含む食事を摂ることや、十分な睡眠をとることで、セロトニンの分泌をうながすことができます。

特に食事は重要です。セロトニンは、トリプトファンという必須アミノ酸から作られます。アミノ酸の中でも、必須アミノ酸は体内で作ることができないので、食事から摂る必要があります。トリプトファンは、肉や魚、豆類などたんぱく質を含む食品に多く含まれています。

④GABA

ＧＡＢＡ（ガンマアミノ酪酸）は脳の神経細胞に対して、興奮を抑える抑制性の神経伝達物質としてはたらくアミノ酸です。動物や植物の体内に広く存在するアミノ酸のひとつですが、人の脳内では交感神経を抑えるブレーキとして作用します。

その結果、ストレスを緩和したり血圧の上昇を抑制したり、睡眠の質を整えたりするなど、心身に癒しをもたらしてくれます。

ＧＡＢＡにはさらに、脳の血流を増やし、脳細胞の代謝を亢進する、といったはたらきもあり、心を司る脳にとって非常に重要な神経伝達物質です。

《体内のGABAを増やすには》

①GABAを多く含む食品を摂る

もっとも効果的なのはGABAを多く含む食品を摂ることです。トマト、じゃがいも、パプリカなどの野菜、メロン、バナナなどの果物、さらにはキムチ、納豆などの発酵食品や発芽玄米などにも多く含まれます。

最近の研究では、腸内細菌の中にGABAを作り出すものがいることがわかっています。発酵食品を食べて腸内細菌叢（フローラ）を整えれば、GABAが増えるのです。

②ビタミンB6の多い食品とたんぱく質を摂る

ビタミンB6は水溶性（水に溶ける性質がある）のビタミンで、マグロやカツオといった赤身のお魚、牛・豚のレバー、脂質が少ない鶏胸肉やひれ肉などの肉類に多く含まれています。

果物や野菜の中にも、バナナやにんにくなど、ビタミンB6をたっぷり含むものがあります。アミノ酸の材料になるたんぱく質と一緒にとると代謝が高まるので、バランスのよい食事を心がけることが大切です。

③睡眠の質を向上する

GABAは主に睡眠中に体内で作られるので、睡眠の質が悪かったり、睡眠不足が続いたりすると、十分な量を産生できなくなってしまいます。

その一方、GABAが不足すると、「興奮してなかなか寝付けない」「寝付いた後も深い睡眠（ノンレム睡眠）へとシフトできない」といった問題が起きがちです。人がスムーズに眠りにつき、深い睡眠をとるためには興奮系の交感神経をしずめて、癒しの神経系である副交感神経を活性化する必要があります。前にもご説明した通り、GABAは交感神経を抑えて副交感神経を優位にする神経伝達物質です。

そんなGABAが睡眠不足により十分作れなくなると、しっかり眠れなくなり、さらにGABAの産生が減少する、といった悪循環に陥ってしまいます。睡眠の質を向上することは体内でGABAを作る上で、とても大切です。

◆大切なポイント

今回紹介した４つの神経伝達物質は、脳の機能や精神状態に大きな影響を与えます。これらの神経伝達物質は、食事や睡眠などの生活習慣によって、体内での生成量が変化します。

3 脳はどのように判断するのか？ 2つの脳が思考のプロセスを担う

人生を振り返ると、「成功した」と感じる出来事がある一方、「失敗してしまった」と感じたシーンも少なからず見つかるはずです。成功したときは自信に満ちていたでしょうし、失敗したときは自分を責めたくなったのではないでしょうか。

しかし、失敗の多くはあなたのせいではなく、脳の仕組みによるものだったかもしれません。脳には生き残るために、安全あるいは快適と感じる状況――いわゆる「コンフォートゾーン」から離れないよう行動する性癖があります。変化を嫌い、それまでの成功体験に従って、お決まりのパターンを選択するのです。

「私はそんな風に考えていない」とあなたは言うかもしれません。実際、多くの人は意識して、そういった選択をするわけではありません。

脳が司る人の意識には、「顕在意識」と「潜在意識」の2つの領域があります。論理的に考えるのは顕在意識、考えている自覚なしに実は行動や感情に影響を与えるのが潜在意識です。

著名な脳科学者ウルフ・シンガーは潜在意識が意思決定に大きな役割を果たしている、と述べています。私たちは、顕在意識で「こっちの方がいい」と考えたのに、潜在意識によってそれとはまったく違う行動をとるケースが少なくないのです。

例えば、ダイエットをしたいと思っている場合、顕在意識では食べ過ぎないようにしようと決めています。しかし、潜在意識では、食べることで安心感や満足感を得られるのに、と感じています。

その結果、ついついたくさん食べてしまうことになります。これは、潜在意識が飢餓や危険から逃れるために、食べることを優先しているからです。

第1章で述べた人間の「8つの本能的衝動」の中でもっとも重要なものは、「痛みや恐怖から逃れること」――つまり「生きること」でした。私たちの潜在意識は、生きることを最優先にして、素早く反応するようにできています。

昔の人は、いつ野生動物に襲われるかわからない環境で暮らしていました。逃げるか戦うかを一瞬で判断できなければ、すぐに命を落としてしまいます。そんな中で頼りにしていたのが、感覚で瞬時にものごとを決める潜在意識でした。

《40代男性のケース》

ここで、私の夫の体験談を紹介します。彼はある日、オートバイに乗っていたときに、潜在意識の力を体験しました。青信号で走り出したところ、対面する信号が赤であるにもかかわらず、わき見運転のトラックが突っ込んできたのです。

「死ぬ！」と思った瞬間、時間がゆっくりになりました。彼は、必死に考えました。

「どうすれば助かるのか? 最善の方法はなにか?」と。そして、気がつくとバイクから飛び降りていました。空中を飛んでいる間に、彼の意識は薄れていきました。「これで終わりか」と思いましたが、不思議なことに、心地よい感覚に包まれたそうです。

意識が戻ったのは救急車の中でした。その後、激しい痛みに襲われましたが、奇跡的にケガの程度は軽く、かすり傷と打撲だけで済みました。

後日、事故現場に戻ってみると、目撃者の一人がひどく驚いた顔で言ったそうです。「幽霊かと思った。あんな事故で生きているなんて信じられない。人生はなにが起こるかわからない」と。

「生きるか、死ぬか」は人にとって究極の選択肢ですが、私たちの社会では近年、死との距離が遠くなりました。そのため顕在意識の領域では、ものごとの優先順位があいまいになってしまったようです。

しかし、私たちは、生命維持に欠かせない活動を今この瞬間も続けています。無意識のうちに心臓を動かし、呼吸し、血液を巡らせることで、環境や体内の状態が変化しても、体温や血糖値、免疫力などを一定に保っているのです。生まれつき備わったこの機能を「ホメオスタシス＝生体恒常性」と呼びます。

意識すらしない領域で、私たちは常に生きようとしているのです。

私の夫が命をながらえたのは、この生きようとする機能や生きることを最優先にする潜在意識がうまくはたらいてくれたからでしょう。彼は海で仕事をすることが多く、危険を回避する経験を何度となく積んできました。

その中で、心身が鍛えられたのはもちろん、とっさに命を優先する「潜在意識のクセ」を持ち合わせていたのです。

◆大切なポイント

私たちにはもともと、心臓や呼吸などを適切に稼働させる機能が備わっています。危機的な状況になると、潜在意識は素早く反応し、生きるための選択をします。これは、あなたも持っている潜在意識の力です。

4 脳はどのように情報を処理して行動に移すのか？

脳には「2つの脳」、つまり顕在意識を司る脳と潜在意識を司る脳が存在します。これらの脳の処理には大きな違いがあり、その仕組みを理解することが重要です。

■2つの脳は処理能力が段違い

顕在意識を司る脳と潜在意識を司る脳には、決定的な能力差があります。顕在意識では、情報処理を行うワーキングメモリが「1度に4つの情報」までしか処理できませんが、潜在意識にはメモリの限界がほとんどありません。

ワーキングメモリというのは短期的に記憶したり処理したりする能力のことで、一度に扱える情報量には人それぞれの限界があります。

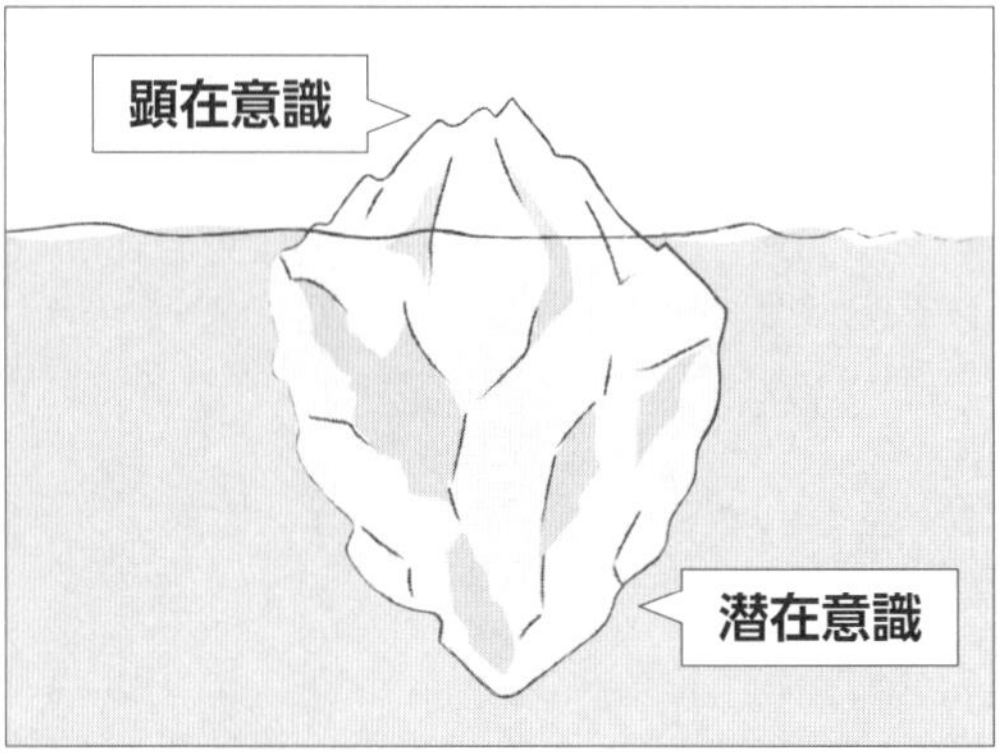

私たちの思考や活動は主に脳の「顕在意識の領域」で行われています。ランチになにを食べようか、と考えるとき「昨日は飲み過ぎたから、今日はおそばで軽めにすませよう」「薄着のシーズンを前に、体重がちょっと気になるからサラダメインのお店に行こう」などと考えるのは顕在意識です。

ただ、私たちの脳には楽屋裏でそれよりはるかに大量の情報を処理する潜在意識という裏方が存在します。二日酔いが少し残っている日に、「なんとなく、カツカレーの気分じゃない」と感じるのはこの潜在意識のはたらきです。「胃がもたれると、午後からのプレゼンに影響するかもしれない」などといちいち顕在意識で考えなくても、無意識のうちに「気分じゃない」と避けることができるのです。

こういった顕在意識と潜在意識の関係はよく、氷山にたとえられます。

私たちの脳には、海面の上に見える部分だけでなく、海面下にも意識が存在します。この海面下にある潜在意識が、私たちの決断を左右しているのです。

潜在意識は、ときどき脳内で理性的な顕在意識と対立することがあります。「仕事に行かなきゃ」と顕在意識は行動をうながすのに、「なんだか行きたくない」とベッドからなかなか出られない朝……。あなたの足を押さえているのは潜在意識かもしれません。

上司は物わかりのいい人だし、今日はやり甲斐のある新規事業のプレゼンをする日です。会社に行きたくない理由はないはずなのに、なぜかベッドから出られないのは、潜在意識の中に理由があるはずです。

そんなときは、自分の中でなにが起きているのか、根本的な原因を明らかにすることが大切です。

最近流行のポジティブ思考で無理矢理前向きに考えるのもありですが、それでは歪みが残ってしまいます。

■「顕在意識頼み」には3つのリスクがある

たくさんの要素が複雑に絡む選択を顕在意識で行うことには3つのリスクがあります。

①ワーキングメモリの容量の限界

脳のワーキングメモリは気合いだけでは増やせません。ワーキングメモリだけで複雑な選択をするのはとてもたいへんです。一度にたくさんのことを考慮しなければならないケースでは、しばしば処理能力が足りなくなってしまいます。

②分析麻痺

どちらを選べばいいのか、選択肢について情報を集めて分析を重ねすぎると、結局どちらも選べなくなってしまうことがあります。思考が麻痺してものごとを決められなくなってしまうのです。

③決定疲れ

脳のワーキングメモリがエネルギー切れを起こすと、「決定疲れ」を感じます。しかし、そうなったからといって脳全体の活動が止まるわけではありません。スローダウンする顕在意識と違い、潜在意識の脳領域は活発な活動を続けます。

ただし、決定疲れを起こした脳は「長期的なプラン（計画）」を扱うのが苦手です。未来を思い描き、そこに至るステップを計画するのは主に顕在意識が得意とするはたらきだからです。潜在意識は「短期的な報酬」にフォーカスするクセがあるので、どうしても目先の快感ばかり考えるようになります。

■考えることに疲れたら、潔く顕在意識をオフにする

なにかにひどく悩んでいるときに「甘いものを食べたい」「欲しかった洋服が買いたい」などの感情が、ふいに湧きあがってきたことはありませんか？　一生懸命考えていたはずが、ダイエット中なのにケーキを食べてしまったり、欲しくもない洋服をつい買ってしまったり、などという経験をした人は少なくありません。

考えることは大切ですが、考えすぎてしまうと結局は、よい結論にたどり着けません。そんなときには、「思考を減らすこと」もしくは、いったん「考えを手放すこと」によって脳の負荷を減らすことが大切です。結果的にはその方が、賢明な答えにたどり着きやすいのです。

時間が足りないときや、詳細な情報が手に入らないときには、私たちはついつい焦りがちです。考えれば考えるほど、思考の迷路は深くなっていき、答えから遠ざかってしまいます。

そんなときには、顕在的な思考を司る「前頭前皮質」の活動を潔くオフにしてしまうのがおすすめです。前頭前皮質は、論理的な思考や判断、計画などを担っていますが、前述したとおり、過剰に作用するとはたらきが極端に低下します。

前頭前皮質がオフになると、脳は五感によって届く外からの刺激に反応しやすくなります。さらには、その先にある第六感へのアクセスがとてもよくなるのです。

第六感は無意識領域にあり、直感やひらめき、創造力などをもたらします。そんな無意識の領域にうまくつながれたら、適切に判断、行動することで、あなたが望む成果を得やすくなります。

では、具体的にはどんなことをすれば、前頭前皮質をオフにして、第六感をはたらかせやすくなるのでしょう？

もっとも大切なのはゆったりとリラックスした気分になることです。「お風呂に入る」「シャワーを浴びる」「散歩する」「コーヒーを淹れる」といったことをしてみるとよいでしょう。

ワーキングメモリが限界に達し、「もういっぱいいっぱいでなにも考えられない」と感じたら、情報を集めたり考えたりすることをいったん止めて、リラックスできる状態に心を導いてみてください。

人間的にも経済的にも成功されている人は、自分のワーキングメモリの状態を常に無意識のうちに把握しているものです。意思決定に関する研究者であり、ノーベル賞を受賞したハーバード・A・サイモン博士は、「情報が豊かになると、注意力が乏しくなる」

と語っています。
人生の熟練者は、熟練の技を発揮するときと同様に、なにかを決断するときにも潜在意識の領域を活用しているのです。

■落ち着く方法を見つけたウインブルドン出場選手

「考えすぎると動けない」という現象は、スポーツの世界ではよく見られます。例として、ウインブルドンで開催されるテニスの全英大会に何度も出場したテニスプレイヤーのケースを挙げてみましょう。私は2年間、彼のメンタルトレーナーとしてサポートをしました。彼は日本ではランキング1位のテニスプレイヤーでしたが、試合中に一度崩れると立て直せずにあっさり負けてしまうクセがありました。

調子が良いときには、彼のパフォーマンスは素晴らしいものでした。しかし、試合の流れが相手に傾くと別人のようになってしまい、そのまま負けてしまうのです。

前頭前皮質の過剰な活動が原因——彼のプレイを見て、私はすぐに気づきました。

実際に話を聞いてみると、「今のショットのどこが悪かったんだろうとか、もっとこんな風に打った方が良いかなとか、と色々と考えてしまう」と彼は語りました。

そんなときに役立つのが、前述した前頭前皮質をいったんオフにする工夫です。

私は彼にいくつか質問をしてみました。

「なにをしているときが、1番安らぎますか？」

「試合中に一息つけるタイミングは、どこですか？」

そうやって思考パターンを探った後で、彼にアドバイスしたのは、ラケットのガットを触りながら、自分がいちばん落ち着くイメージを思い浮かべることでした。

テニスではサーブやレシーブの前に少し時間があります。そのときに、リラックスし気持ちを切り替える習慣を身につけるよう伝えました。


「ガットを触る→心を落ち着けていつもの自分に戻る」を習慣化するのには時間がかかりましたが、できるようになると、彼のプレイは見違えるほど安定しました。

一流のアスリートが、いつも同じルーティンをしているのには、大きな意味があります。例えば、イチロー選手がバッターボックスで構えに入る際、バットを垂直に立てるルーティンもそのひとつです。

一流アスリートではない私たちの日常生活や仕事でも、強いプレッシャーを感じることはあります。例えば、「○○に挑戦したい」「○○を成し遂げたい」などと、強く思えば思うほど、まったく実行に移せない、という人は珍しくありません。

なんとか実現しよう、と情報をたくさん集めて策を考えるほど、頭は麻痺してしまうので、行き詰まったら一度オフにするクセをつけるとよいでしょう。

◆大切なポイント

脳は「顕在意識」と「潜在意識」で処理します。決断疲れや分析麻痺を感じたら、いったん考えるのを止めることも大切です。前頭前皮質や第六感を活用することで、自身にとって良い決断や行動を選択しやすくなります。

5 脳はどのようにストレスに反応するのか？ 原因・反応とストレス度チェック

ストレスと聞くと、多くの人はネガティブなイメージを抱きます。ストレスは心身に悪影響をおよぼし、病気や不幸を招くと考えられてきました。しかし、実はストレスには良い面もあります。ストレスに直面したとき、あなたの身体は驚くほどの力を発揮します。ストレスは、あなたの能力を引き出し、自己成長のチャンスをもたらすのです。

ストレスとは、外部からの刺激に対して、身体が自動的に起こす反応のことです。この反応は、あなたの心や身体に変化をもたらします。しかし、この変化が良いものになるか悪いものにもなるかは、あなたの考え方や感じ方によって決まります。つまり、ストレスは自分でコントロールできるものなのです。

私は、ストレスを「親友」と呼んでいます。なぜなら、ストレスは私にとって、刺激的で楽しい人生を送るためのパートナーだからです。ストレスと向き合いながら自分の限界に挑戦すれば、大きく成長できます。ストレスは、私にとってかけがえのない友人です。

この本では、私のようにストレスを親友にする方法をお伝えします。まずは、あなたのストレス度をチェックしてみましょう。次の問いに対し、「YES」「NO」で答えてください。「YES」なら1点、「NO」なら0点として、合計すると、あなたの点数は何点になるでしょう？

①疲れやすく、やる気が出ない。なにをするにも面倒だと思う
②集中するのは苦手。または、優柔不断で先延ばしが多い
③不眠である、すぐに眠れない、または寝すぎてしまう
④食欲不振、または、食べ過ぎてしまう
⑤気分が沈んでいる、または悲しく切なくなる
⑥自分には価値がない、周りに迷惑だと感じる

⑦出来事に対し、楽しめない、興味が持てない
⑧いつもの自分でなく、多動、またはすべてがゆっくりになる
⑨人生に意味がない、死にたいと思うことがある

《合計点によるストレス度合いの判定》

0点：問題なし
1～4点：食事や生活習慣を見直してみるのがおすすめ
5点以上：この状態が2週間以上続く場合は、要注意

このテストは実は「うつ病チェックリスト」です。うつ病は、ストレスが原因の一つとされる心の病気です。発症すると気分が落ち込んだり、やる気がなくなったり、自分に自信が持てなくなったりします。うつ病は、誰にでも起こりうる病気ですが、早期に対処すれば、高い確率で回復します。

このテストの結果がどうであれ、不安になったり落ち込んだりする必要はありません。私たちはいつも絶好調ではありませんから、深刻に捉えないでください。

ただ、本人がまったく自分の状況に気がついていないまま、長い期間（3か月以上）放置すると、脳内で分泌される神経伝達物質のバランスが崩れていきます。その場合は、専門家に相談することをおすすめしますが、まずは本書で学ぶことで、あなたのストレスに対する考え方や感じ方は変わっていくはずです。

■ストレスの正体とメカニズム

「ストレス」という言葉は、今では日常的に使われていますが、もともとは物理学の用語でした。物理学では、力を加えられた物体がその力に抵抗して変形する現象を「ストレス」と呼びます。例えば、ゴムボールを握ると、手の力に反発してボールは形を変えます。これがストレスの原型です。

この概念を生物学に応用したのが、生理学者のハンス・セリエです。彼は、1936

年の夏「ネイチャー誌」に論文を寄稿し、ストレスに対する身体反応を論じました。その論文では、ストレスは「有害要因」と位置づけられています。

ストレスによる反応はみな同じで、はじめに生体内部で「警告反応」が起こり、その次に「闘争・逃走の反応」が起きるというのが彼の主張でした。

生体が外部から寒冷、外傷、疾病、あるいは、怒りや不安などの精神的緊張（ストレッサー）を受けたとき、これらの刺激に適応しようとして生体に一定の反応が起こることを彼は発見したのです。

セリエは論文の中で、「有害因子（ストレス）は生体の中に起こる生理的・心理的な歪みであり、この有害因子を作るものは外界から加えられたもの、ストレッサーである」と定義しています。

■2タイプの「ストレス反応」

私が多くのカウンセリングをする中で、確信を持っていることは、同じ出来事が原因であっても反応は人それぞれ異なる、ということです。

たとえば、両親が幼い頃に亡くなってしまい、孤独で寂しい子ども時代を過ごした人が、私のクライアントの中に2人います。そのうちのひとりであるAさんは「自分は両親を知らないで育ったからこそ、愛情ある家庭を作りたい」と語りました。もうひとりのBさんも同じような状況で大人になりましたが、「両親の愛情を知らない私は、結婚なんてできない」と決めつけていました。

最終的にBさんも結婚して幸せに暮らしていますが、そこに至るまでにはいくつかのプロセスが必要でした。私がまず、彼女にアドバイスしたのは理想の将来を思い描くことでした。その上で、彼女の中にあった「私なんて」という自己否定を少しずつゆるめていくことで、頑なだった決めつけをほどくことに成功したのです。

このように、同じストレスでも反応が真逆になるケースについて、研究者はそれぞれに名前を付けています。

脅威反応 (苦しんで生きのびる)	チャレンジ反応 (ストレスをやる気に変換)
闘争、逃走、フリーズ、失神 恐怖、不安、無気力、絶望 心拍数の増加、緊張 呼吸は浅くなるか停止する 血管、血流、筋肉が収縮 視野が狭くなる 受動的	前向きに対応、落ち着き 勇気、やる気、誇り、直観力 心拍数の減少、リラックス 呼吸は深く、安定する 血管、血流、筋肉は弛緩 視野が安定 創造的

脅威反応：自分では対処しきれない圧倒的なストレッサーを受け止めて闘う、もしくはそれに背を向けて逃げる反応
チャレンジ反応：ストレスのエネルギーを「やる気のエネルギー」に変換する反応

この2つのストレスのタイプは、生体反応も感情も、人生をとらえる目線もすべてが対照的です。

それぞれの反応をまとめたのが上の表です。

生体にストレスを引き起こす刺激（ストレッサー）加わると、特徴的な身体反応が起きます。中でも、副腎皮質の肥大、胸腺リンパ組織の萎縮、胃・十二指腸潰瘍はセリエが報告したことから「セリエの3徴候」と呼ばれます。

さらに、身体の反応に伴って分泌が増えるのが「ストレスホルモン」と呼ばれるコルチゾールです。

■ストレスと関係が深いホルモン　コルチゾールとは

コルチゾールは、ストレスと関係が深いホルモンです。脳がストレス状態を感知すると、副腎皮質から大量に分泌されます。

コルチゾールは、そもそも身体が活動できるようエネルギーを生産するのに重要なホルモンであり、副腎皮質と脳の間の調節機構によって分泌量が精密にコントロールされています。コルチゾールはストレスだけでなく、「体内のエネルギー調節システム」にも大きく関係し、インスリン抵抗性や脂肪量とも関連します。

肥満を研究する専門家は、ストレスの慢性化によってコルチゾールの分泌が急増した人について、次のような特徴をあげています。

・食欲が増し、甘味、塩味が強く脂肪分が多いものを好むようになる
・血糖値やインスリン濃度が上がる

ストレスによって常にコルチゾールの分泌が多い状態が続くと、オーケストラのようにお互いが複雑にバランスを取り合っているホルモンの調節が狂うため、いろいろな不具合が発生します。脳にも機能障害が起こり、神経伝達物質のバランスが崩れることもあります。

ストレスにはそういった危険性もあるので、過剰にならないよう自身の状態を把握しておくことが大切です。

さらに、「ストレス反応はおおむね習慣性であるため、自分で変えられる」と理解して、自身をチャレンジ反応へと導けば、ストレスを親友にできます。

■ストレスを軽減する5つの方法

①自己のストレスへの気づき
②空腹時間の活用（オートファジー・細胞内での浄化）
③習慣的な特殊呼吸法（バイオフィードバックなど）
④習慣的な運動（エンドルフィン・ドーパミンの分泌）
⑤7〜8時間の睡眠（サーカディアンリズム・体内時計の調整）

ストレスがもたらす悪い影響を軽減するためには、まずは自分が感じているストレスに気づく必要があります。ストレッサーによって、どのような影響を受けているのかがわかれば、過剰なストレスを避け、空腹時に分泌されるホルモンや食欲を調節することで、うまくコントロールできます。

コルチゾールの分泌を減らすためには習慣的な深呼吸や運動が有効です。特に、特殊な呼吸法を取り入れると、バイオフィードバック（身体が発する情報のうち、普段は意識できていないものを知覚できる状態に変換するリラックス法）により、コルチゾールの分泌をコントロールできます。

特殊な呼吸法については第６章で詳しく解説します。

6 脳はどのようにアップグレードできるのか？神経可塑性のスイッチをオンにする

１９６０年までは、ヒトの才能や能力は遺伝子によって産まれつき決まっているという考えが科学界の通説でした。しかし、実は私たちの脳は一生を通じて変化し続けます。これを「脳の神経可塑性」と呼びます。

■「脳の神経可塑性」とは

脳細胞には、学習や経験によって構造や機能を変える能力が備わっています。このはたらきは、脳の神経可塑性と呼ばれます。

脳細胞は、既存のニューロン（神経細胞）同士の接続を強化したり、新たなニューロンの接続を作ったりすることで、脳の回路をリフォームします。その作用によって、私たちは新しいことを覚えたり、忘れたり、思い出したり、感じたりします。

脳は年齢に関係なく変化します。私たちは自分の脳を自在に変えることができるのです。


脳を部屋にたとえるなら、「どのような間取りにもリフォームできる空間」のようなものと言えるでしょう。神経可塑性のおかげで、脳内で物理的にシナプスの電気回路が構造を変えたり、特定の領域を大きくしたり小さくしたりもできるのです。

ピアノを弾く人は、音楽を処理する脳の領域が大きくなります。英語を話す人は、言語を処理する脳の領域が大きくなります。逆に、使わない領域は小さくなります。自分の脳を変えられることに気づき、脳を自分が必要とする形に改造することに時間を費やせば、効率よく人生をグレードアップできます。


そんな脳には大きな特性が3つあります。

①**現実と想像の区別ができない**：酸っぱい梅干しやレモンを口に入れたと想像してみてください。すると、あなたの口の中で唾液が出てきます。これは、脳が現実と想像を区別できないからです。脳は、想像したことを現実に起こっていると誤認します。

②**否定形を理解できない**：「むらさきのウサギを想像しないでください」といわれた人の多くは「むらさき色をしたウサギ」を思い浮かべてしまいます。これは、脳が否定形を理解できないからです。脳は、否定の文脈を無視し、言葉を肯定形に変換して理解します。

③**何歳になっても、脳に新しい回路ができる**：脳は、年齢に関係なく、新しい回路を作れます。前述した「脳の神経可塑性」に年齢の限界はありません。学習や経験によって、いくつになっても脳細胞の維持や再生ができます。

これら3つの特性を活用できれば、人生をよい方向に変えやすくなります。

たとえば①の現実と想像の区別ができないことを知らずに、頭の中で「どうせ、私は失敗する」や、「怖い！　不安だ！　こんな風になるかも……」と行動を起こす前から、失敗するイメージや、悪い結果を脳内でシミュレーションする人は少なくありません。頭の中で考えているだけですが、実は現実に体験したときと同様、「失敗する脳内回路」が強化されたり、ネガティブな接続が脳内にでき上がったりしてしまいます。

②の否定形についても、間違いを犯しがちです。「否定形を理解できない」と知らずに、「ゲームばかりしてはダメ」と子どもを叱ったら、彼らの脳内では「ゲームをするイメージ」が強化されます。ですから、ある事柄について注意したいときには、否定形ではなく、肯定形で話すことが大切です。「本を読んだら楽しいよ」とか「外に行って○○したら楽しいね」とか、望ましい行動を具体的にイメージできるように伝える方が、脳を導く効果が高いのです。

③の「脳は年齢に関係なく、新しい回路を作ることができる」という事実は中高年の方にとって、とても役立つ知識だと思います。この特性を知っていれば、「もう年だか

ら」とあきらめるのではなく、「まだまだ自分の脳を鍛えられる」と信じて、新しいことに挑戦しやすくなるはずです。私の父は75歳を過ぎたころから、気力が急に弱りました。「同窓会に行ったら、死んだクラスメイトの話ばかりだった」などと言うのです。

そこで、私は『きずな出版』を立ち上げた櫻井秀勲先生のお話をしました。「80歳になってから、新しい出版会社を立ち上げて、90歳になった今はYouTubeで動画を配信している」と紹介したのです。さらに、脳神経は何歳になっても、使い続ければ衰えない、と伝えたところ、見違えるように元気になりました。

今は実家に帰るたび、「まだ、80代になったばかりだから、なにをしようかな？」と目をキラキラさせている父に驚かされています。

■脳の可塑性を促進して習慣や生き方を変える

マサチューセッツ工科大学の科学者によれば、自動的行動（習慣）をうながすあらゆる脳内回路は、『意識』の力で変えられるといいます。言い換えれば、私たちの行動のほとんどは潜在意識に支配されているとしても、意識的な脳にもある程度は「発言する権利」があり、自分の意思で動かせるのです。
ありがたいことに、脳の神経可塑性は、私たちが生きている限り片時も休まずに機能しており、意識的なはたらきかけを受け付けてくれます。

脳の可逆性を促進する手段には、以下のようなものがあります。

①自分の脳とその特性（仕組み）を知る
②新しいことに挑戦する（対人・行動・スキルなど）
③自分がワクワクすることを見つけ、集中する
④過去に囚われたり未来について思い悩んだりするのではなく、今に意識を集中する
⑤自分ひとりだけではなく、信頼できる仲間を作り行動する
⑥毎日どこかを変えてみる。帰り道や利き手でない方で歯磨きをするなど
⑦家中に鏡を置き、姿勢や笑顔を客観的にチェックする
⑧毎日、身体を動かし、食事や健康の改善を努める
⑨考え方に柔軟性を持つよう努める

⑩ 毎日数分間でも、静かな場所で『内観（内省）』をする
⑪ 明確な目標をもち、進み目指すことを楽しむ
⑫ 目的意識を持ち、自分の行動や選択について、「なぜ」と理由を考える

くり返しになりますが、自分の身体の仕組み、特に脳の仕組みをしっかりと学ぶことこそが「人生脚本」を描く際には『基盤』となります。あなた自身が学び、この「脳の３つの特性」と「脳の可塑性を促進する手段」を周りの人たちに伝えれば、多くの方の人生をよい方向へと変えられるかもしれません。

◆大切なポイント

脳は年齢に関係なく新しい回路を作る特性を持ち、自分の意志で変えることが可能です。脳の特性を知り、新しいことに挑戦し、考え方や内観、目標などに自分自身が気づくことこそ大切です。

第3章のまとめ

- 脳は、大脳・小脳・脳幹の3つの部分に分かれ、感覚や運動、記憶、思考、生命維持などの機能を担います。脳の機能は、五感を司る一次機能と高度に処理する高次脳機能に分けられます。
- 今回紹介した4つの神経伝達物質は、脳の機能や精神状態に大きな影響を与えます。これらの神経伝達物質は、食事や睡眠などの生活習慣によって、体内での生成量が変化します。
- 私たちにはもともと、心臓や呼吸などを適切に稼働させる機能が備わっています。危機的な状況になると、潜在意識は素早く反応し、生きるための選択をします。これは、あなたも持っている潜在意識の力です。
- 脳は「顕在意識」と「潜在意識」で処理します。決断疲れや分析麻痺を感じたら、いったん考えるのを止めることも大切です。前頭前皮質や第六感を活用することで、自身にとって良い決断や行動を選択しやすくなります。
- 脳は年齢に関係なく新しい回路を作る特性を持ち、自分の意志で変えることが可能です。脳の特性を知り、新しいことに挑戦し、考え方や内観、目標などに自分自身が気づくことこそ大切です。

第4章

五感を活用して、自分の人生を創造する

1 五感の定義と種類、役割とは

人間は、生来備わっている五感に影響されながら生きています。好きな香りを嗅げばリラックスし、美しい花を見れば心が癒やされ、情熱的な音楽を聴けば興奮します。これらはすべて、五感が受け取った情報により、無意識に起こる反応です。そんな五感について、第1章で少し触れましたが、この章ではさらに詳しく解説します。

■五感（ごかん）の定義と種類

五感（ごかん）とは、視覚、聴覚、触覚、味覚、嗅覚のことで、ヒトや動物が進化の過程で獲得した、さまざまな感覚機能です。私たちの生命を維持するために欠かせないだけでなく、危険から身を守るための防御システムでもあります。自分と相性のいい五感を活用して、快適な環境や習慣を作ることができます。

《五感の種類と役割》

第1章では、自分がどの五感と相性が良いかを診断するテストを掲載しました。そのテスト結果を踏まえてこの章を読めば、自分にぴったりの活用法が見つかりやすいと思います。あなたのパフォーマンスを向上させたり、気分を調整したりしやすくなるので、ご家族がいる方はみなさんでチャレンジしてみてください。

①視覚（五感情報全体の83％）

視覚は五感の中でもっとも情報量が多く、情報の8割以上を処理しています。百聞は一見にしかずといいますが、ミネソタ大学の研究所により目でなにかを見ることは、文章で読むより60000倍も速く脳に情報が届くと証明されています。視覚を上手に使えば、より効率よく人生の目標に近づけるのです。例えば、手に入れたいものやなりたい自分があるなら、写真やイメージを紙に貼って毎日見ることで、夢を現実にしやすくなります。これは「コラージュ療法」と呼ばれる方法です。

また、自分の潜在意識にある、気づいていない思いや感情を絵に描くことで、自分自身を理解することができます。これは「絵画療法」と呼ばれる方法です。

②聴覚（全体の11％）

聴覚は「音」を感じる感覚です。視覚情報に比べると、情報量は少なめですが、身体の深くにまで届くのが特徴です。私たちの身体は約60％が水分で出来ています。水は音を伝えやすいので、意識して聴こうとしなくても、振動となって身体の隅々にまで伝わります。

世界で300万部のロングセラー本「水の『真』力」（江藤勝著）には、水の結晶の写真が載っています。「有り難う」と言葉をかけた水の結晶は美しい形をし、「ばかやろう」と言葉をかけた結晶は醜く壊れています。このように、音や言葉は水分子に影響を与えるのです。

③嗅覚（全体の3・5％）

嗅覚はにおいを感じる感覚であり、生命維持に重要な役割を果たします。食べ物の安全性に関する判断（腐っているものや有毒なものの識別）や、食欲の調節はもちろん、集中力のアップやリラックス効果など、精神面にも大きな影響をもたらします。

さらに、においは記憶や感情にも強く影響します。

『プルースト効果』という言葉を聞いたことがあるでしょうか？　これは、特定の香りを嗅ぐと、その香りに関連した過去の記憶や感情が、無意識に呼び起こされる現象のことです。フランスの作家、マルセル・プルーストの長編小説『失われた時を求めて』の中で、マドレーヌというお菓子を食べたことで、幼少期の思い出が蘇ったエピソードに由来する名称です。

④触覚（全体の1・5％）

触覚はその名の通り、触れることで感じる感覚です。皮膚にある「触覚受容器」が圧力や振動、温度などの刺激を感じることで生じます。

触覚は五感の中では情報量が少ない感覚ですが、心にとって特別な意味を持ちます。人間は触れること、触れてもらうことで心の安定や癒しを得ることができるのです。

視覚や聴覚は主に外界の情報をキャッチする感覚ですが、自分の身体に関する情報は主に触覚で感知します。たとえば、皮膚が凹んだり、温度が変わったりしたことがわかるのは触覚のはたらきです。

五感の中で、もっともしっかりと自身の状態を感じ取るものなので、触覚からの情報は身体だけでなく精神にも大きく深く影響します。

⑤味覚（全体の1％）

味覚には「甘味」「酸味」「塩味」「苦味」「旨味」の5つがあります。これらの味は、舌にある「味蕾」という味覚の受容器でキャッチされます。舌には約5000個もの味蕾がありますが、あごの奥や喉などにも約2500個が備わっています。

味蕾の配置には偏りがあり、たとえば甘味は舌の先、苦味は舌の奥、酸味は舌の横という風に、それぞれの味を感じやすい場所は決まっています。

「味蕾」で感知された味の刺激が感覚神経を経由して脳に届き、さまざまな生体反応を引き起こします。

味覚は嗅覚と密接につながっています。風邪などで鼻づまりがひどくなると、においだけでなく味までわからなくなるのはそのためです。

最近は「味覚障害」を訴える方が急増しています。原因の約15％は、亜鉛不足です。1日に必要な亜鉛摂取量は、成人男性で11ｍｇ、18歳以上の女性が8ｍｇです。牡蠣、豚レバー、牛赤身肉、カシューナッツ、卵などに多く含まれているので、意識して食することも忘れないでください。

また、うつ病など精神的な不調のせいで味覚障害を発症するケースもあります。大好きなはずのメニューなのに、美味しく感じないときには、心の病気かもしれないので、早めに専門医を受診してください。

◆大切なポイント

五感とは、視覚、聴覚、触覚、味覚、嗅覚のことを指し、私たちの生命や健康を守る上で、重要な役割を果たしています。五感それぞれの特徴や、役割、自身との相性についてもしっかり理解しておきましょう。

2 五感と感情コントロール 感情を認識し適応する

感情はどこから湧きあがってくるのでしょうか？ 日本語では、「腸（はらわた）が煮えくり返った」「腹に据えかねる」「手に汗を握る」など、感情について「身体の一部」を含めた言葉で表す慣用句や諺（ことわざ）があります。初恋など、胸がドキドキすることを「胸がときめく」、危ない目に遭ったときや、驚いたときは、「心臓が止まった」などといいます。

感情は目に見えませんが、身体に影響を与えたり、行動を変えたり、知覚を歪めたりする力を持っています。感情は、私たちの進化にとって重要な役割を果たしてきたのです。

■感情の種類とコア・アフェクト

個人によってものごとの感じ方が違うため、感情を正確に分類することはできません。アメリカの表情研究の第一人者で心理学者のポール・エクマンと共に長年研究してきた、ディビッド・マツモト博士は、感情を「喜び」「悲しみ」「驚き」「恐怖」「憎悪」「怒り」「軽蔑」の7つに分類しました。

マツモト博士は、表情分析やボディーランゲージ、異文化コミュニケーション、ウソ検知の分野で世界的に著名な研究者であり、これらの感情は、顔の表情や身体の反応に共通の特徴があるといいます。

私たちは常に「コア・アフェクト」という感情の基本的な状態を感じています。コア・アフェクトとは、「感情価＝快か不快か」と「覚醒度＝穏やかか活動的か」の2つの要素を含んでおり、生きている限り絶え間なく続いている生理学的現象のことを指しています。つまり、ほとんどの感情は、「ご機嫌ｏｒ不機嫌」と「覚醒ｏｒ非覚醒」で表現できるのです。

■感情の3つの適応

感情は、私たちの祖先が厳しい環境の中で生き残れるよう身につけた機能の一つであり、進化の過程では状況に合わせて形を変えてきました。

感情は人に対して、身体、行動、知覚という3つの面で、環境に適応するよううながします。

①身体の適応

感情は、その時に応じて、身体の状態を調整します。たとえば、妊娠初期は悪阻（つわり）などの不快を感じやすい状態になりますが、これは胎児がきちんと育つよう母体のホルモンシステムが変わるための反応です。また、不快な場所や臭いに出会えば、身体は動きを止めて眉間に皺を寄せたり、口を閉じたりして、危険を回避しようとします。

これらの身体の反応は、感情が引き起こしています。

②行動の適応

感情は、行動にも影響を与えます。嬉しいことがあって気分が高揚すると、身体が軽く感じられ、精神面も「快」の状態になります。これにより、楽しいことをさらに続けたい、という欲求がはたらきます。反対に恐怖や不安に襲われると、身体は硬直し、震えたり、動けなくなったりします。それにより、危険から逃げたいという強い欲求がはたらきます。

ここで、人間関係において重要な「怒り」という感情について考えてみましょう。現代では「怒り」は良くない感情として、なるべく隠したり、抑えたりする傾向がありま す。しかし、この怒りの感情は、人類の歴史の中では社会的な変化を起こす原動力となってきました。

たとえば、私たちは以下のような2つのグループに対して、異なる感情を抱きます。

✓相手に対し、多大な負担を押し付けてくるグループ（権力者、身勝手な者）
✓相手に対し、良き影響や結果をもたらしてくれるグループ（好意的な仲間、協力者）

どちらのグループと付き合う機会が多いか、によってあなたが感じる幸福度は大きく異なります。人生において、すべての人間と好意的な関係を築くことは困難ですが、身勝手だとわかっている人たちに振り回される必要はありません。自分が付き合うグループを感情により選択すると、間違いが起きにくくなります。

③知覚の適応

感情は、知覚にも影響を与え、できるだけ適応しやすい形で、刺激を認識するように調節します。この原則を「適応的な知覚」と呼びます。強い感情は人の認知機能を歪め、間違った行動をうながすことがわかっています。

たとえば、命の危険を感じるほどのどが渇いたとします。すると、目の前にある水の入ったコップが大きく、近くにあるように見えます。これは、自分の生命を守るために必要なものが、強く認知される仕組みです。

「人は、自分の見たいものを見る」「人は、自分が信じたいものを信じる」とよくいわれますが、適応的な知覚の観点からすれば、「人は自分が今、認知する必要があるものを認知する」といえます。

✓ 適応的な行動 ⬇ 人は、自分が動く必要がある時に行動する
✓ 適応的な注意 ⬇ 人は、自分が注目する必要があるものに注目する
✓ 適応的な記憶 ⬇ 人は、自分が思い出す必要があるものを思い出す
✓ 適応的な知覚 ⬇ 人は、自分が見る必要があるものを見る

このように、私たちは状況に応じてさまざまな感情を持つことで、環境に適応して生きのびてきたのです。ですからまずは、自分の感情の状態を常に把握して、なるべく「快＝ご機嫌」でいるよう心がけましょう。

◆大切なポイント

感情は人が生き残りやすいよう作られた仕組みです。快・不快と覚醒度の要素からなるコア・アフェクトが、身体、行動、知覚に作用します。より大きな幸福につながる行動をとれるよう、普段の暮らしにおいて、自分の感情を理解することがとても大切です。

3 五感を活用して理想のセルフイメージを創造する

理想の人生を描く際、もっとも重要なのは『主人公のキャラクター設定』です。あなたは普段、セルフイメージに基づいて人生のストーリーを作り出しています。良いことも悪いことも、あなたが思い込んだ通りに現実化されます。

20代のころ、私のセルフイメージは最悪でした。たとえば、こんな感じです。

✓好き嫌いが激しく、人間関係が苦手だと思っていた
✓時間管理ができないため、仕事と恋愛のバランスがとれないと感じていた
✓人前で話すのが下手だから、講師などの仕事には向いていないと考えていた
✓ものごとに全力か無力かの二択しかなくて、中途半端なことは悪いことだと思っていた

✓意地悪されたら、100倍にして返すという考えがあった（これは本当に怖いです）

このように自分を見ていたため、人間関係でトラブルが絶えず、仕事と恋愛で悩み、多くの夢をあきらめていました。

しかし、反対に『思い込み』の中にはよい効果をもたらすセルフイメージもありました。

✓体が丈夫だから、いつも元気だと信じていた
✓仕事も勉強も、人より100倍頑張ると決めていたため、人やお金に恵まれると思っていた
✓どこのトイレであっても掃除をするため、「徳」があって運がいいと信じていた
✓水回りと玄関は常に清潔にしているから、愛される女性になれると信じていた
✓恩を受けたら、100倍にして返すという信念があった
✓私と関わった人は、幸せになる（幸せにする）と信じていた

こういったことを本気で信じていましたから、自分がイメージした通りに、人生は良くも悪くも進んでいったのです。

《思い込みを書き出すワーク》

あなたも「人生脚本ノート」に、「自分の思い込み」を書き出してみてください。その際、辛く苦しいと感じる事柄は、理想に近づくようなものに書き換えてください。そのまま維持したいものや、もっと強めたいものには、印をつけてください。日付けは忘れずに記入してください。人生脚本が完成してから見直すと、私のように思わず笑ってしまう事柄があるかもしれません。

■思い込みが現実を作る

『思い込み』は、人生を変える最強の武器です。人生の始まりは、自分が作った『思い込み』から始まります。今、多くの人に尊敬され、うらやましがられている成功者も、最初はなにも持たない初心者でした。これは不変の事実です。

もし今、あなたが「いや違う、環境が違う、遺伝子が違う」と思ったとしても、それはすぐに捨てましょう。パソコンの「ゴミ箱」に入れるか、宇宙の彼方に投げ捨てるといった「消し去るイメージ」を頭に浮かべてください。

このイメージトレーニングは、すぐに行うことが大切です。自分の理想の行動を妨げるものは、容赦なく排除することで、素早く前進できるのです。人生には、言い訳する時間はありません。

あなたを変えるのは、世界に一人、あなただけです。理想の人生を生きたいなら、『決心＝腹をくる』ことがなにより大切です。

前述したように、脳は「現実」と「想像」を区別できません。人生脚本の主人公として、「私は○○を成し遂げて、みんなに愛される人」だと思い込んでください。そうすれば、そのキャラクターが自然とイメージから現実のものになっていきます。

現在の状況、あるいは過去のあなたは無視してください。大切なのは「今、この瞬間の自分」と「未来の自分」です。

今の自分を育てることで、素晴らしい未来の自分が生まれるのです。

■プラシーボ効果を活用しよう

私は歯科医として、怖がりな患者さんに「この薬は、精神を落ち着かせるものです」といって、のど飴やビタミンCなどのサプリメントを渡すことがあります。すると、驚くような効果があります。「先生、あの薬のおかげで、楽に抜歯ができました」と言ってくれるのです。

このように、「効果がある」と思い込むことで、本当は薬効などないものが、まるで薬のようなはたらきをする現象をプラシーボ効果と呼びます。

この不思議なはたらきは医療の世界だけでなく、ごく普通の日常にもたくさん存在します。

たとえば、次のようなケースはまさにプラシーボ効果（思い込み）です。

ケース1：「お金がない」の口癖の40代男性Cさんのセルフイメージ

✓私は、ぎりぎりのお金で生活している
✓私は、努力してもなかなか認めてもらえない
✓私は、職場に恵まれていない

ケース2：「結婚できない」の口癖の30代女性Dさんのセルフイメージ
✓私は、好きになる人が偶然に既婚者ばかりだ
✓私は、ひとりの時間が好きで、結婚に向いていない
✓私は、きれいじゃないからモテない

「お金がない」「結婚できない」という口癖の人たちは潜在意識ではなにが起こっているのでしょうか？　どのような人生を歩むことになるでしょうか？

ケース1の40代男性Cさんからは「もっとお金を稼いで、自分を認めてもらいたい」という相談がありました。お話を聞く中で私が気づいたのは、希望がなかなか実現しないのは「メンタルブロック＝心のブレーキ」のせいだろう、ということでした。

「メンタルブロック」は、今まで生きてきた中で培われた「思い込み」によって形作られます。この「思い込み＝価値観」が根深いと、お金を貯めることや稼ぐこと、増やすことに抵抗を感じてしまいます。

そこでCさんには、価値観を構築し直すワークをしてもらいました。どんな行動をとるのか、人は「価値観」に照らして選びます。Cさんにとっては「お金」や「仕事」に関する価値観が成功を妨げるものだったので、まずそれを書き換え、マイナスの思い込みを払拭することから始めたのです。価値観が変わると、Cさんの考え方や行動は驚くほど変わりました。

具体的にどうやって価値観を変えるのか、については第6章で「価値観ワーク」として紹介しますので、そちらを参照してください。

ケース2の30代女性Dさんからは、「結婚したい」という相談を受けました。しかし、「好きになる人は、みな結婚している」と話します。詳しく話を聞いて、セルフイメージを掘り下げていくとDさんは、自分に自信がないために、無意識レベルで、「魅力がない自分は2番手でもいい」と思っていたのです。
最終的には、セルフイメージを書き換えて、「自分の良さをわかってくれる人に出逢い、結婚する」「結婚している人とは付き合わない」、と決めました。その結果、未婚男性と結婚を前提としてのお付き合いが始まりました。

人はみんないろいろな思い込みを抱えて生きています。過去の経験によって培われた思い込みは知らないうちに人を縛ったり、より良い行動を選ばせてくれたりします。だからこそ、この本で紹介する「五感式人生脚本」を実現し、それを信じて行動することが大切なのです。

◆大切なポイント

自分のセルフイメージを理想に近づけるには「思い込み」が大切です。思い込みを書き出して改善するワークをやってみましょう。キャラクター設定やプラシーボ効果を使うと、より効果的に思い込みを活用できます。

4 五感を活用して目標を達成する

人生を豊かなものにするためには、「目標」を持つことが重要です。私たちは、小さなころからさまざまな目標を持って生きてきたはずです。「運動会でリレー選手になる」「次のテストで80点以上を取る」「欲しい車を買う」など、目標は人それぞれですし、人生の段階によっても変わります。

ただし、目標を持つだけでは十分ではありません。目標を達成するためには、効果的な目標設定の方法を知る必要があります。

お正月に神社仏閣に足を運んでお願いごとや目標を神様や仏さまに伝える方は少なくありませんが、それだけでは目標達成にはつながりません。

想定した期間のうちに目標を達成できている人が、どのくらいいるのか、ちょっと疑問です。

原始時代の脳にとっていちばんの目標は、食べ物を確保し、他の動物から生きのびることでした。しかし、文明が発達した現在は、「生きのびる」といった目先の目標とは異なる、「未来の目標」を思い描くように変化しました。

このような「未来の目標」を実現するには、次のような4つのステップを踏むのがおすすめです。

■必ず達成できる目標設定のやり方

①目標を言語化する

目標を言語化すると、自分の思いや夢が具体的な言葉や文章として固定されます。頭の中で漠然と考えているだけでは、目標はあいまいで不確かなものになりがちです。そこで、前述した「人生脚本ノート」に、自分が持っている目標をすべて書き出してみましょう（最低20個以上）。身近な目標から大きな目標まで、なんでも構いません。

たとえば、「○○の映画を見に行く」「年に2回は、実家に帰り親孝行する」、「来年の

6月には会社を設立する」「10年後には、○○に1億円寄付して図書館を建てる」などです。書き出した目標は「仕事」と「プライベート」に分け、自分の人生にとってなにがいちばん重要な目標なのか、優先順位をつけて上位5つを選びます。そして、その中からさらに3つに絞り込んだものが、あなたのもっとも大切な目標です。

②目標の性質を見極める

目標には、4つの種類があります。

A. 短期的な目標：ひと時の本能的な欲望や、目の前の状況に反応した感情的なもの
B. 長期的な目標：達成からの逆算で、大局を見ながら冷静かつ着実に実現していくもの
C. 人生の根源的な目標：心の奥底にある、生きる目的
D. 未知なる目標：自分がまだ知らない、可能性を秘めたもの

《看護師C子さんのケース》

看護師としてはたらいている彼女は、結婚して5年。早く子どもが欲しいと思っています。来年で35歳です。

一方、彼女は、看護師としてのキャリアを積み上げていきたいので、短期的な目標は医療現場のスキル獲得、長期的な目標は看護部長（総看護師長）になることです。看護部長は看護師のトップであり、病院の経営側に入る立場です。

さて、この場合はどの目標がいちばん大切なのでしょう？

選択に迷ったら、次のように自分自身に問いかけてみると、考えが整理されます。

「そもそも、あなたは何のために仕事をしているのですか？」

この問いかけは、心の奥底にある人生の根源的な目標をあぶりだしてくれます。

C子さんは、仕事に打ち込めるのも、ご主人が支えてくれるからであり、そんなご主人の子どもを産みたいと強く願っていました。

ですから、まずは年齢制限のある「出産」を最優先にして妊活に取り組みました。スキルの習得や看護部長になる夢は、「子どもを産んでからでも遅くはない」と考え、後回しにしました。

③潔く手放す

私自身が苦い体験から得た教訓のひとつに『ひとつ手に入れたら、ひとつ以上を潔く手放す』というのがあります。

文明が発展し豊かになる中で、人は多くのことを望む「欲張り」になりました。いつも上を目指し、たくさんのものを手に入れたいと思っています。

しかし人間は、マルチタスクができない動物です。マルチタスクとは、複数の仕事（タスク）を同時に行うこと、もしくは、脳科学者がいうタスク・スイッチング――思考を短いスパンで切り替えながら同時に複数の作業を行うことをいいます。一見、効率がよさそうですが、実は生産性を40％も低下させるだけでなく、脳が収縮したりダメージを受けたりする原因になりかねないことがわかっています。

心臓のオペをしている時に、来週の旅行のことを考えると、集中力が低下します。場合によってはそのせいで医療事故が起きるかもしれません。そうなれば、旅行どころではないでしょう。

なにかを成し遂げたければ、そのことだけに集中した方がロスが少ないのです。迷ったら、潔く手放してください。なくしてしまうようで不安を感じるかもしれませんが、「人生にとって本当に必要なもの」であれば、その目標は必ずあなたの元へ戻ってきます。

私もそうでした。離婚がきっかけで心理学の学校に通い始め、心の分野にのめり込みました。一度は歯科の仕事を手放しましたが、出産して6か月後に「赤ちゃんを医院に連れてきてもいいので、ぜひ勤務してもらいたい」との依頼があり、歯科医療に復帰しました。

「二兎追うものは一兎も得ず」です。一つのものごとに集中せずに、欲張って二つのものごとを上手くやろうとすると、どちらも失敗するという先人からの教訓を忘れないでください。

④期限を設定して行動に移す

目標を立てても、行動を起こす人と行動を起こせない人がいます。両者の違いは、「期限の設定」にあります。締め切りを明確に設定することが、目標達成のルールです。

たとえば「○年○月○日までに○○する」と具体的に決めて、手帳に書き込みましょう。成功している方々は自分の夢がすでに叶ったように、手帳に書き込み、その時の感想なども詳細に書いています。

期限を守るためには、逆算して行動する必要があるので、迷いがあってもとりあえずスタートを切る習慣が身につくのです。

◆大切なポイント

目標を達成するには、優先順位をつけなければいけません。必要なものに集中し、他のものは潔く手放すことが望ましいです。ひとつのことに専念することと、期限の設定が成功の近道です。

5 五感と目標の可視化「コラージュ療法」で潜在意識とつながる

公私に悩むことが多かった私が人生の転機を迎えたのは、「芸術療法」の一種である「コラージュ療法」を体験したときでした。

私たちは気づかないうちに、世間の常識に縛られ、心の深層に眠る人生の「宝物」に目を向けていません。「芸術療法」の一種である「コラージュ療法」は、潜在意識にアクセスして、あなたにとって本当に大切なものを見つけ出す手助けをしてくれます。

「芸術療法」とは、絵画や音楽、箱庭や舞踏、詩歌やコラージュ、造形や心理劇など、さまざまな芸術表現を使った療法の総称です。その中でも、「コラージュ療法」「絵画療法」「箱庭」の3つは、潜在意識を手軽に「可視化」できるため、おすすめしたいスキルです。私たちの感覚のうち80％以上を占める「視覚」を活用して、潜在意識に隠された人生の目標に気づくことができます。

「芸術療法」は慣れれば自分ひとりでも実践できますが、最初は経験豊富な方に導いてもらう方がやりやすいでしょう。専門家のアドバイスを参考に、自分に合った方法を探してみてください。

■対話式コラージュ療法のやり方

1. 準備するものは、A3ぐらいの大きさの紙1枚と、自分の気持ちに響く写真や雑誌の切り抜き、カラーペン（クレヨンでも可）です。
2. 紙の好きなところに、気になる切り抜きや選んだ写真を貼っていきます。文字を書き加えても構いません。
3. 貼り終わったら、目を閉じて深呼吸し、自分が作り上げた作品（空間）をじっくりと眺めて味わいます。
4. その作品に、心に浮かんだ名前を付けます。
5. その相手（作品）と対話をします。

以上が、対話式**コラージュ療法**のステップです。

私が考案した「対話式コラージュ療法」の特徴は、その作品（相手）と対話していくことにあります。内面を表す作品との対話が特に重要な意味を持つのです。

ちなみに、初めて私が「コラージュ」を体験したときは、カウンセラーの先生に誘導してもらいました。

《私の体験談》

私はその日、「ドア」「窓」などの「扉」の写真や絵に惹かれ、それらを切り抜いて紙に貼りました。普段なら、人や花、動物、空などいろいろなものを貼るのですが、その日は、自分が開くことができるものばかりでした。作品ができあがり、まず名前をつけました。作品の名前は「さまざまな扉」でした。

作品を目の前に置き、その世界に入っていくように先生に誘われました。ここで

重要だったのは、作品を「この子」と呼ぶことでした。この子は、もうひとりの「潜在意識の自分」だからです。

先生「この子（作品）からは、どんな感じがしますか？」
私「とても温かくて優しい感じがします」
先生「たくさんのドア、窓、扉がありますが、この子たちはどんな役割をしていますか？」
私「ドアの向こうにあるものを私に見せてくれます」
先生「あなたは開けることができますか？」
私「はい、できます」
先生「では、どの扉から開けてみますか？」

私は次々とドアや窓を開けて、そこに広がる風景や出会った人物のことを話しました。そして、最後にいちばん大きな木の扉が残りました。

先生「さて、この最後の大きな木の扉を開けてみてください」
私「私がドアを開けると、眩しいほどの光が差し込んできます。その光の中から、小さな女の子が走ってきて、笑顔で『ママ～』と私に抱きついてきました。私はその子を力強く抱きしめました」

そう語り終えた瞬間、私の心に閉じ込めていた気持ちが解放されました。胸の奥底に埋もれていた「子どもを産みたい」という切なる願いが、私自身に届いたのです。そのころの私は義父と義母の介護をしており、夫からは「大きな子どもが2人いるようなものだから、子どもは1人で十分だ」と言われていました。しかし、私の潜在意識は「産みたい！」と強く願っていたのです。

胸に詰まっていたものが消え去り、心がスッキリしました。気づくと、私は涙を流していました。

■私が心底望んでいたものとは

「コラージュ療法」で心を解放したあのとき、止まらないほどに涙があふれたことを今でも覚えています。自分の深層心理に隠された本当の気持ちに気づいてあげることは、素晴らしい体験であり、まさに感動の瞬間でした。

私は「コラージュ療法」を通じて、封印していた夢に気づき、第二子を出産しました。その子は今、中卒で社会に出てはたらいている長女の咲《さき》です。

「コラージュ療法」を含む**「芸術療法」**は人生の岐路に立っている人に、自分の進むべき道を指し示してくれます。私は今でも、4か月に1度は「芸術療法」に取り組んでいます。

「芸術療法」にはいくつかの種類がありますが、いずれも仕組みは同じです。言葉ではなく、絵やコラージュ、写真など、視覚化できる作品を通じて自分の潜在意識にアクセスし、なかなか気づけない思いや願いを引き出していきます。

私がそうであったように、あなたの中にも、胸の奥底に押し込めてしまった宝物が眠っているかもしれません。

気になる方はぜひ、「芸術療法」にチャレンジしてみてください。

◆大切なポイント

「コラージュ療法」は潜在意識にアクセスする「芸術療法」の一種です。著者はこの療法を通して本当の願いに気づき人生の転機を迎えました。無意識に眠る人生の「宝物」を見つける手段として、とても有効です。

6 五感と感情の表現方法 もうひとりの自分の感情を整える

正しい手順で実践を重ねれば、「芸術療法」はひとりでもできるようになります。日々のセルフケアとして活用することで、自分の感情を整理するのに役立ちます。

私たちは、社会のルールや人の目を気にするあまり、自分の感情を抑え込んでしまうことがあります。特にエゴグラムの分析で「厳格な親＝ＣＰ」と「従順な子ども＝ＡＣ」という役割を強く持つとされる人は、感情を表に出さない傾向があります（詳細は第1章参照）。

しかし、感情は目に見えないだけで、あなたの中に確実に存在しています。これまで説明してきたとおり、感情は、目標に向かって頑張る原動力になったり、逆に心身の不調を引き起こしたりすることもあります。だからこそ、感情を無視せずに、自分と向き合う必要があるのです。

《急に意識不明になったFさん（40代・女性）のケース》

Fさんは仕事の最中に急に意識を失い、気がつくと病院のベッドの上にいました。今まで彼女は、なぜ自分がそのようなことになっているかがわかりませんでした。彼女の両親の成育歴（産まれてから1秒前までの、生きてきたすべて）を聞くと、彼女の両親は離婚しシングルマザーになったものの、ほとんど働かず収入もなかったので、子どものころから弟2人の面倒をみるのは彼女の役割でした。大学にも進学できず、弟の高校と大学の費用も彼女が負担しました。

「母親が働かないのは仕方がない。私がどうにかしなくてはいけない」というのが彼女の考えでした。父親の暴力が原因で離婚した母を娘としては責められなかったのです。

優しい頑張り屋さんのFさんは懸命に働き、充実した人生を送っている、と思い込んでいました。ところが、突然意識を失って入院したとき、本当の気持ちに気づきました。

「私だけが夢をあきらめなければならないのは不公平だ」

「母親は私のことを考えてくれない」

「家族は私の頑張りを認めてくれない」

そういった思いを封印してきたことを自覚したのです。

Fさんはその後、「芸術療法」をくり返す中で、あふれ出す感情を表現し、自身の心とうまく付き合えるようになりました。

■絵画療法のやり方　感情の浄化編

絵画療法は感情を絵として紙に描くことで、心の奥底にアプローチする療法です。思いを絵にすることで、感情を外に出し、客観的に眺めることができます。

絵画療法を行う準備と手順は次のようなものです。


【用意するもの】
✓Ａ４サイズ以上の紙

✓クレヨンや色鉛筆（色の種類が多いもの）
✓ひとりきりになれる空間（周りに気を使わないで絵を描ける場所）

【手順】

①紙を広げ、気になるクレヨンや色鉛筆を手に取ります。

②なにも考えずに、自分の感情を紙に描きます。直感に従って、思いのままに色を選び、形を自由に描くことを意識してください。絵の上手下手は関係なく、抽象画でも具象画でもかまいません。自分の感情を表現することが大切です。

③絵が完成したら、その絵に名前をつけます。その絵はあなたの感情を表した「子ども」です。その子どもに話しかけてみます。
その子はどんな気持ちなのか？　どうしてそうなったのか？　どうなりたいのか？　思いつくままに質問し、絵の声を聞きます。その上で、絵の気持ちを理解し、受け入れます。

④描いたのがネガティブな感情の場合には、その子ども（作品）と別れた方がよい場合が多いので、絵を破ったり、捨てたり、机の奥にしまったりして、その感情と「お別れ」します。絵として描いた感情を手放すことで、心が軽くなります。

今回のケースは、ネガティブな感情を浄化する方法なのでお別れをしましたが、ずっと一緒にいたい温かな感情であれば、大切に持っていてください。

「絵画療法」は浄化以外にもさまざまな目的で使えます。たとえば、感謝する絵を描いたり、夢を実現する絵を描いたり、自分の過去や未来の絵を描いたりすれば、心にさまざまなよい影響が生まれます。

自分の感情や心の状態を絵にすることで、自分自身を深く知ることもできます。また、お誕生日のプレゼントや、自分を励ます絵を描くこともできます。

「コラージュ療法」でも同じことができます。「○○さんの素敵なところ」はプレゼントとして、「私の支えになっているもの」は自分の応援団として、絵やコラージュにしてみましょう。この二つは私が特にみなさまにおすすめしたい「芸術療法」です。

《箱庭療法（簡易版）》

本来、心理学療法で使う「箱庭」は、カウンセラーが見守る中、砂の入った箱の中にミニチュア玩具を置き、思いのままになにかを表現したり、遊んだりします。

今回は、自宅でも簡単にできるやり方をお伝えします。

まず、ぬいぐるみなど擬人化しやすいものを3つ集めてください。無い時は、なんでもよいですが、「人」としてイメージしやすいものがおすすめです。

たとえば、だるま、くまさんのキーホルダーなどです。あまり大きいものは扱いにくいので、机にのるサイズにしてください。

3つのアイテムが用意できたら、机の上に「自由」に並べてください。そして、その子たちに話しかけてください。「どんな性格なのか」「どんなことを考えているのか」など、子どもの頃のお人形さん遊びのように無邪気な気持ちで話すのがこつです。

誰かに評価してもらうものではないので、自由気ままに配置し、話しかけるよう意識してください。

《男女関係で悩んでいたGさん（40代・女性）のケース》

既婚者であるGさんには、夫以外にお付き合いしている男性がいて、その2人のどちらをとるべきか、悩んでいました。そんな彼女に、箱庭療法をすすめてみたところ、進むべき方向が明らかになりました。

自分のことを愛してくれない、と感じていた「夫（人形）」から「とても愛しているよ」という言葉がこぼれたのです。その言葉を聞いて、Gさんの認識は大きく変わりました。現実に生活する中で、顕在意識は気づいていませんでしたが、彼女の潜在意識は夫の気持ちを理解していたのです。

自身が感じていた寂しさをGさんが夫に伝えたところ、夫婦の関係は劇的に改善されました。

箱庭療法は、自分の「潜在意識を可視化」するものです。人形はあなた自身として語り、隠れている気持ちや問題の理解を手伝ってくれます。人生の答えは、いつでもあなたの中に隠されているのです。

◆大切なポイント

芸術療法は、自分の感情を絵やコラージュ、箱庭などで表現することで、自分と向き合い、心のバランスを整えることができるセルフケアの方法です。自分自身を深く知ることができる療法です。

第４章のまとめ

・五感とは、視覚、聴覚、触覚、味覚、嗅覚のことを指し、私たちの生命や健康を守る上で、重要な役割を果たしています。五感それぞれの特徴や、役割、自身との相性についてもしっかり理解しておきましょう。

・感情は人が生き残りやすいよう作られた仕組みです。快・不快と覚醒度の要素からなるコア・アフェクトが、身体、行動、知覚に作用します。より大きな幸福につながる行動をとれるよう、普段の暮らしにおいて、自分の感情を理解することがとても大切です。

・自分のセルフイメージを理想に近づけるには「思い込み」が大切です。思い込みを書き出して改善するワークをやってみましょう。キャラクター設定やプラシーボ効果を使うと、より効果的に思い込みを活用できます。

・目標を達成するには、優先順位をつけなければいけません。必要なものに集中し、他のものは潔く手放すことが望ましいです。ひとつのことに専念することと、期限の設定が成功の近道です。

・「コラージュ療法」は潜在意識にアクセスする芸術療法です。著者はこの療法を通して本当の願いに気づき人生の転機を迎えました。無意識に眠る人生の「宝物」を見つける手段として、とても有効です。

・芸術療法は、自分の感情を絵やコラージュ、箱庭などで表現することで、自分と向き合い、心のバランスを整えることができるセルフケアの方法です。自分自身を深く知ることができる療法です。

第5章

自分の変化を楽しむ方法

1 変化とはなにか？
変化には種類があり必要性が異なる

人生は常に変化しています。時間、体、環境など、変わらないものはありません。その変化に適切な対応ができれば、あなたの「人生脚本」は素晴らしいものになります。人生とは、自分という作品を作り続ける時間です。命が尽きるまで、その創作活動は止まりません。

■人が変化するパターンを理解する

人の変化には、４つのパターンがあります。

①自分の意志による変化

自発的に理想の自分へと変化するためには、強い目的意識と経験が欠かせません。

この本では、誰もができる方法をご紹介していますが、実践できるレベルにまで習熟するためには、そもそも学ぼうと考えた目的を見失わないよう、意識し続ける必要があります。

②異なる環境に身を置くことによる変化

環境はあなたを作り上げるもっとも重要なファクターです。自分を取り巻く人、場所、住居、食べ物などが変われば、あなたの心身には大きな変化が生じます。特に、誰と共に働くかは大きなポイントです。多くの人にとって仕事は、人生における時間の大半を費やす環境であり、「人間性が育つ場所」でもあります。お金や名声、注目を集めることが好きなグループに属すれば、そういう人になりますし、職人気質で一つのことを極めるグループに属すれば、そういう生活習慣や価値観が身につきます。

環境の影響は自分の意志では変えられません。ですから、自分に合わない、我慢できない、心身が不調になる、などと感じるときは、思い切って居場所を変えてみてください。転職、転校、引っ越しなどは、大きな変化をもたらしてくれます。

環境を変える、と決意したときには結果が思わしくなくても、後悔してはいけません。「転職しなければよかった」と言葉にするのはNGです。

そもそも「失敗」という言葉は存在しません。予定や予想と異なる経験をしているだけです。一回で上手くいくよりも、何度も経験を重ねる方が成長につながります。自分が選んだ道を成功に導くのは、自分自身なのです。

③生命の危機にさらされた時の変化

生命の終わりが身近に感じられたとき、人は真剣に自分を振り返り、周りを見渡すものです。

自暴自棄になって「なんで私だけが不幸に……」なんて気持ちが湧きあがってきても、すぐにゴミ箱に捨てましょう。追い詰められた時こそ、本性が出ます。そのときの行動が、あなたが今までに培ってきた『心の器』を表します。

『心の器』は毎日を感謝し、目標に向かって生きることで、磨かれて大きく深くなります。日々磨き続ければ、人生のフィニッシュに際しても、素晴らしい変化を実現できるはずです。

ります。

④心が深く傷ついたときの変化

心の傷は見えません。血が出ていても、他人はもちろん自分でも気づかないことがあります。

身内が事故で亡くなったり、幼い子どもが先に逝ってしまったりすると、人生は一変します。深い心の傷を癒すには、時間と周りの愛と、自助努力が必要です。最初の変化は小さくてもかまいません。大切なのはとりあえず、前を向いて歩くことです。泣きたい時は泣き、叫びたい時には叫び、甘えたい時には甘えることです。人は弱いものです。でも、強くもなれます。だからこそ人は愛されるのです。

これら４つの変化を経験する際について、共通しているのは恐れず楽しむべし、ということです。ストレスは心地よいレベルにとどめ、心の器をあなたらしい形に整え、あなただけの色に染めましょう。

変化に伴う不安や痛みは、心が育つときに感じる成長痛にすぎません。

◆大切なポイント

人生は変化の連続です。変化には４つの種類があるので、それぞれを自分の味方にする方法を知っておきましょう。変化を恐れずに楽しみ、心の器を強く味わい深いものにしましょう。悪い状況もいずれは変化するので、人生をあきらめてはいけません。

2 変化に対するモチベーションはどこに？ 自分のやる気アイテムを探そう

変化に対応して行動するためには、モチベーション（やる気）が必要です。しかし、モチベーションは自然に湧いてくるものではありません。自分で高める方法を知っておくことが大切です。

《自分のやる気アイテムを知るワーク》

このワークでは、自分の調子をよくしてくれるものや、逆に悪くするものを見つけます。調子とは精神的、肉体的な状態の両方を指します。自分だけでなく、家族や親しい人の意見も参考にしてください。

まず、人生脚本ノートに次の質問に対する答えを書きます。

① 自分の調子をよくしてくれるモノや人、場所はどこですか?
② 自分の調子を悪くするモノや人、場所はどこですか?

思いつくまま、10個以上書き出してください。

たとえば私の場合、①の調子を良くするものに該当するのは「愛犬との散歩」「自分が作ったアファメーション（宣言）」「アロマ（イランイラン）」「私の宝物ばかりを貼ったコラージュ」「○○さん」などです。反対に②の調子を悪くするものは「6時間以下の睡眠」「肉系の外食」「詰めすぎた予定」「人が多い場所」「××さん」などです。これらは経験から、自分でもおおむねわかっています。

次に、調子が良かった日と、悪かった日に印をつけて、その日の状況を詳しく書きます。たとえば、調子が良かった日は「○○さんと一緒に過ごしたら、やる気が出て、その後3日間は集中力が増した状態が続いた」「○○の場所に行くと、心が落ち着いていて熟睡できた」などです。

調子が悪かった日には「睡眠時間が6時間以下の日は身体が重く集中力がなくなる」「○○を定期的にしないと、イライラしてしまう」などと書いてあります。「人生脚本ノート」にこれらの情報を書き込み、半年間ぐらい統計をとってみてください。しばらくすると、好不調に関する自分のパターンが見えてきます。

■間違った思い込みは書き直そう

カウンセリングでよく見かけるのが、人間関係における間違った思い込みです。たとえば「体調が悪くなり、精神的にも落ち込んでしまう日の前日には、必ず○○さんと会っている」という話をする方がいました。自分の日常を観察すると、悪影響につながるパターンが見えてくるのに、その方は「○○さんとは相性が良いんです」などと言います。

こういった間違った思い込みをしてしまうと、自分で自分を苦しめることになります。

恋愛関係でも、この現象はよく見られます。ある人と付き合い始めたときから、すべてが負の方向へと流れるケースがあります。世間一般的には、「エネルギーバンパイア」と呼ばれる人たちであり、彼らは周りの人のエネルギーを奪います。パートナーがそんな人物だとわかったら、相手に気づかれないよう距離をとるのがおすすめです。

心身に影響をもたらすのが人ではなく、場所の場合も多々あります。「○○を訪れた後は、まったくやる気が起きなくなって身体もだるい」「海の近くだとすべての調子が良くなる」などの変化を体験したら、「人生脚本ノート」に記録しておきましょう。たまたま、前の日が寝不足だった場合や風邪を引いている場合などもありますから、半年間ぐらいは心と場所の関係を観察し記録するようにしましょう。

調子が良くなる自分のアイテムを人生脚本ノートにまとめて、それを可視化した「コラージュ」や「文字」を目に付く場所に貼ってください。

このワークの目的は、自分のモチベーションを上げてくれるアイテムを知ることです。それらは、自分の五感に訴えるものであり、会った瞬間、足を踏み入れた瞬間、「私には合う、合わない」とわかることもあります。そういった感覚は祖先から受け継がれてきた大切な生命反応です。

大切な植物や、動物、赤ちゃんを育てている時のように、日頃から自分の身体、心の様子を気に掛ける習慣を身につけましょう。

◆大切なポイント

自分の調子を良くするものや悪くするものを人生脚本ノートに書き、手帳に記録してみてください。思い込みの人間関係や場所に気をつけて、やる気アイテムを目に付くところに貼りましょう。

3 あなたはなぜ変化に抵抗するのか？抵抗の原因と克服法とは

目標を立てて自身を変化させようとするとき、正体不明の強い不安やタブー感に襲われることがあります。あなたの邪魔をするものは心の奥底に潜んでいる「価値観」かもしれません。

第1章でも解説しましたが、「価値観」はあなたが6歳ぐらいまでに身につけた、もののごとの良し悪しや重要さを量る基準のことです。

■正体がわかれば価値観は自分で書き換えられる

価値観は、あなたを育てた人や家族、自然や友人、両親の職業や学校の先生など、幼い頃に接したすべての環境から形成されます。そして、あなたの五感や本能的な感覚も、価値観のベースになります。

ただし、同じ環境で育った兄弟であっても、価値観は必ずしも同じではありません。性格や趣味、人間関係が大きく異なる兄弟はよくいます。

なぜ、そうなるのかは、口の中の細菌にたとえるとわかりやすく説明できます。人の口の中には500～700種類もの細菌がいるといわれていますが、その数や割合は人によって異なります。

最近では、そういった口の中にいる細菌の違いが、いろいろな病気と密接に関わっていることがわかってきました。たとえば、歯周病の原因になる細菌を多く持つ人は、糖尿病やリウマチ、アルツハイマー病が起きるリスクが高いのです。

口の中にいる細菌の構成は最初に入ってきた「細菌たち」の種類によって決まります。一昔前は幼い子どもが、両親や祖父母から口移しで食べ物をもらうことが珍しくありませんでした。もしも、歯周病菌を多く持つ祖母の唾液が口の中に入ったら、将来にわたって、その子の口腔には、歯周病菌が数多くすみ着いてしまいます。

同様に、人の価値観も幼いころ、最初に触れた人のものに強く影響されます。いったん根付いた価値観はその後長く、選択や行動のベースとなるため、大人になってから書き換えるのは簡単ではありません。

しかし、成り立ちや性質をしっかり理解すれば、望む形に変えられます。思い通りの人生を歩めるようになるのです。

あなたの価値観を知る方法については、第6章で詳しく説明しますので、そちらを参照してください。

ここではまず、ある具体例から、価値観の書き換えについて学んでいきましょう。

ご紹介するのは、幼い頃に形成された価値観が大人になってからも強く影響し、人生に歪みをもたらしていた方の例です。

《結婚を恐れたHさん（20代・女性）のケース》

Hさんの悩みは、「好きな人にプロポーズされたのに、いざ結婚となると怖さを感じる」というものでした。将来の夫となる男性はとても優しく頼りがいもあり、相思相愛です。両家の親族も結婚を祝福しており、問題はありませんでした。しかし、いざ彼と「結婚する」と決め、新居や結婚式の準備が進み始めると、彼女に異変が現れました。結婚につながることをしようとすると、「身体が震え、どうしようもなく怖くなる」というのです。その原因を知りたくて、彼女は私のもとにやってきたのでした。

彼女の幼いころの話を聞き、成育歴を確認したり、トラウマを探る方法を試してみたりしましたが、原因は見つかりませんでした。そこで、彼女には自身が幼かったころの環境について、母親に詳しく尋ねるようアドバイスしました。すると、驚くべき事実が明らかになりました。

彼女の母親は離婚を経験しており、Hさんの実父は家庭内で暴力をふるう人だったというのです。幼いHさんを守るため、お母様は夫の暴力に耐えたといいます。ついに離婚が成立したとき、Hさんはまだ3歳だったので、悲惨な暴力を覚えていませんでした。不幸中の幸いに思えますが、潜在意識はそういった出来事を決して忘れません。

父親が母親に暴力をふるうシーンを何度も見せつけられた彼女には知らないうちに、「男性と一緒に暮らすのは危険」という価値観が刷り込まれていたのです。

結婚に対する恐怖をもたらしていたのは、Hさん自身も覚えていなかった過去のトラウマでした。彼女は結婚が怖いのではなく、男性と2人、密室で暮らすのが怖かったのです。

その事実を知った彼女は涙を流して泣きました。

正体不明の恐怖や不安は、原因がわかると解消されます。Hさんも結婚に対する恐怖を感じることがなくなり、楽しみながら準備を進められるようになりました。

私はこういった隠れたトラウマの浄化を「気持ちの成仏」と呼んでいます。

その後、彼女は無事結婚し、幸せに暮らしている、とのご報告をいただきました。

このケースからわかるのは、記憶にないことも、潜在意識は記録していて、今の行動に影響を与えているということです。

◆大切なポイント

あなたが目標に向かうとき、心の奥に隠れた「価値観」が邪魔することがあります。「価値観」は、幼いころの環境や感覚により作られます。「価値観」について詳しく知ることで人生を変えることができます。

4 「やりかけて放置」はなぜ起きる？ 目標を達成するために必要なこと

あなたは本心から、自分の人生を変えたいと思っていますか？　そうであれば、まずはこの質問に答えてください。今までの人生であなたがやりたかったこと、やらなければならなかったことで、中途半端になっていることはなんですか？

多くの人は、この質問に対して、たくさんの答えをあげるでしょう。「途中で放置してある資格試験の勉強」「完成間近のジグソーパズル」「描きかけの絵を描くこと」「やりかけて止まっている部屋の整理」「先送りにしている本の整理」「伝えたいのに伝えられずにいる事柄の連絡」などなど。

しかし、実際には、これらのことをやり始めても、途中でやめてしまったり、放置したりしていませんか？　もしそうなら、あなたは目標を達成するために必要なことを理解していないにちがいありません。

自分で立てた目標を達成できる人が、世の中にどのくらいいると思いますか？

答えは８％。ペンシルバニア州（米）にあるスクラトン大学で行われた調査によると、自分で立てた目標を達成できない人が92％にのぼるといいます。世の中の人をランダムに100人集めたとすれば、やろうと決めたことをきちんと完了できる人は、そのうちのたった8人だけなのです。

では、その8人はどんな秘訣を持っているのでしょうか？　共通するのは「中途半端なまま、ものごとを放置しない」というとてもシンプルな事実です。

やりかけたまま、途中で投げ出したことがあると、それは知らないうちにあなたの心を縛る重荷になってしまいます。「やらなければならないのにやれていないこと」「やりたいのに放置してしまったこと」は、あなたのエネルギーを奪い、行動力を低下させます。その結果、目標達成が遠のいてしまうのです。

本書では、あなたの「人生脚本」を理想的なものにするためのさまざまなワークを紹介していますが、それらを実践する前に、まずは周りの環境を整える必要があります。やりかけたまま放置してあるものを一気に片づけてから、「人生脚本」に着手しましょう。

■片づいていないキッチンで、あなたは魚をさばけますか？

たとえば、大きな魚をさばくとします。さばく方法は本や動画で学び、イメージトレーニングもしました。しかし、キッチンにはシチューの作りかけの野菜や肉が置きっぱなしになっています。そんな状態で、魚をさばくことができるでしょうか？

もちろん、できません。作りかけのものは、あなたの気持ちを重くし、集中力を引き下げます。一流の料理人は片付けながら料理をします。人生の計画も同じです。

キッチンではなく人生においては、具体的にはなにをすればいいのでしょうか？

まずは、やりかけのものを整理する日程を決め、それにしたがって作業を進めましょう。

最初に手がけるのはリストアップです。やりかけたまま放置してあることをリストにして、片づけるもの、完成させるもの、断捨離するものに分類します。

さらに、それぞれの作業を実行する日を決めてください。そうして、設定したタイミングが来たら、リストのとおりに作業をしましょう。大切なのは決めたことを守り、中途半端にするクセを断つことです。

この作業を続けることで、あなたの心は軽くなり、エネルギーが湧いてきます。そして、本当にやりたいことや、やらなければならないことに集中できるようになります。あなたは、自分の人生の一流シェフになれるのです。今すぐ、目標達成のための行動を始めましょう。

◆大切なポイント

人生を変えたいなら、やりかけて放置していることを片付けましょう。そして、本当にやりたいことに集中しましょう。目標を達成できる人はたった8％です。あなたなら必ず成功できます。

5 五感を活用して、変化が自動的に継続する仕組みを作ろう

あなたは今までに何度も計画を立てて、行動しようとしたことがあるでしょう。しかし、その計画はどうなったでしょうか？　最後までやり遂げられたでしょうか？　それとも、途中で挫折したり、やる気がなくなったりしたのではありませんか？

もし、あなたが後者だとしても、それはあなたのせいではありません。実は、計画を立てること自体が人生の目標に向かって進む障害になるのです。なぜなら、計画はあなたの五感を刺激しないからです。

■計画は立てなくていい

計画は、頭で考えるものです。頭で考えると、理性がはたらいて、現実的なことにば

かり目が向きます。現実的なことだけに意識を奪われると、夢や希望が小さくなってしまいます。

夢や希望が小さくなると、やる気が小さくなります。やる気が小さくなると、行動が小さくなります。行動が小さくなると、結果が小さくなります。結果が小さくなると、自信が小さくなります。自信が小さくなると、最初に立てた計画なんてやれない気がしてきます。結局、計画を立て直すことになり、さらに夢や希望が小さくなって……という悪循環が続いていきます。

では、どうすればいいのでしょうか？　答えは簡単。計画を立てなければよいのです。もちろん、計画を立てないというのは、なにもしないということではありません。計画を立てないというのは、そのかわりに「五感を使って人生の物語を描く」ということを意味します。

五感を使って人生の物語を描くと、感情が動きます。感情が動くと、やる気が湧きます。やる気が湧くと、行動が起きます。行動が起きると、結果が出ます。結果が出ると、自信がつきます。自信がつくと、また五感を使って人生の物語を描きます。このようにして、よい循環が続いていきます。

■五感をフルに使って人生の目標を達成する

「五感式人生脚本」では、あなたが自分の人生の主人公となり、自分の理想の物語を五感で感じながら、目標に向かって自動的に進む仕組みを作ります。

目標達成のメソッドは他にいくつかあります。代表的なもの3つと比べてみると、「五感式人生脚本」の強みが見えてきます。

①目標型（目標達成型、ビジョン型）：計画を立てて、その通りに進むやり方です。合理的で効率的ですが、柔軟性や創造性に欠けます。

②展開型（インスピレーション型、価値観型）：計画を重視せず、成り行きで進むやり方です。自分の感性や価値観に従って目標を見つけますが、計画性や継続性に欠けます。

③ **混合型（目標型と展開型のミックス）**：計画と成り行きのバランスをとるやり方です。目標型と展開型の長所を取り入れられますが、その分、どっちつかずの中途半端なものになりがちです。

④ **五感式人生脚本型（習慣行動型、五感自動型）**：五感を使って物語を描くやり方です。自分の感情や感覚に寄り添いながら目標に進みます。いきなりの実践は難しいので、練習として基礎的な過程をこなす必要があります。

「五感式人生脚本」を実践するには、これまで解説してきた通り、人生脚本ノートというツールが必要です。人生脚本ノートとは、あなたの人生の物語を書き込むノートです。人生の目標や夢、自分の性格や嗜好、周りの人や環境、物語の展開や結末など、あなたの人生に関するすべての要素を書き込むことで、「あなたの人生の脚本」として機能します。

脚本があれば、映画が作れます。映画が作れれば、あなたは主人公になれます。主人公になれば、あなたは自分の人生を楽しめます。

■今この瞬間から、すぐに行動に移しましょう

ここまでこの本を読み進めてきたあなたは、今すぐにでも「人生脚本ノート」を作り始めるべきです。もし、まだ手元にノートがなければ、急いで用意してください。「人生脚本ノート」は、あなたの人生を素晴らしいものに変身させる魔法の杖です。この杖を持っていれば、あなたは自分の人生の物語を自在に操ることができます。これまでうまくいくことが少なかった方も、人生の物語を自分好みに書き換えられるのです。

今やらないで、いつやるのでしょうか？

今こそ、あなたの人生の物語を書くときです。今こそ、あなたの五感を使って、自分の理想の人生を感じるときです。今こそ、あなたの感情を動かして、自分の夢に向かって進むときです。

◆大切なポイント

あなたは、五感を使って自分の人生の物語を描くことで、目標に自動的に進む仕組みを作ることができます。これを実践するには、人生脚本ノートが必要です。すぐに作りましょう。

6 変化を自動化する第1歩　理想的な1日 創造的な1日　内省する1日

自分の1日を数カ月間にわたり、正確に記録したことはありますか？　私は、自分の人生脚本で設定した『日本医療の伝統である、綜医学（そういがく）を後世に残す』という目標を達成するために、この方法に挑戦したことがあります。

やり方はいろいろありますが、私が採用したのは24時間を15分ごとに分けて、3か月間、自分の行動を色分けして記録する、というものです。この記録については「100人のうち2人しかできない」という驚くべき統計があります。私はその2%に入れるかどうかが、自分の目標を達成できるかどうかにつながると感じました。

記録を眺めてみると、自分の生活パターンがはっきりと見えてきます。睡眠や勉強、食事や入浴など、基本的なルーティンにどのくらいの時間を費やしているかがわかったので、より無駄なく時間を使う方法が見つかりました。

3か月間の記録を完了できれば、自分に自信がつくのもこのチャレンジのいいところです。もし、興味が持てそうなら、あなたもこの記録作りに挑戦してみませんか？　末尾の松谷英子公式LINEのQRコードから、記録用のシートをダウンロードできます。

今回は、自分の「人生脚本」を自動的に改変するのに役立つ2つのワークを紹介します。

《ワーク1》

あなた自身の現状を客観的に把握しましょう。マウスをケージの外から観察するように、自分自身の様子を細かくチェックすることで、あなたのエネルギーバランスを確認します。

人を動かすエネルギーには4つの面があります。

① 身体的な面
② 精神的な面
③ 創造的な面
④ 愛情・慈愛の面

これらの面は、車のタイヤにたとえられます。タイヤがパンクしていたり、空気圧が足りなかったりすると、車はスムーズに走れません。

あなたのタイヤは今、どんな状態でしょう？　空気が十分に入っている状態を100％とするなら、あなたを動かすそれぞれのエネルギーはどのくらい入っているでしょう？

直感で数字を書いてみてください。

たとえば、このような感じです。

①身体的な面➡睡眠不足で疲れが溜まっているので50％
②精神的な面➡やりたいことが多くて焦りがある60％
③創造的な面➡自分を見つめ直す時間がないので10％
④愛情・慈愛の面➡仕事に追われて家族との時間が少ない20％

《ワーク2》

次に、人生脚本ノートに、完璧な1日を3種類書いてください。

①理想的な1日➡自分がもっとも効率的で快適に過ごせる状況
②創造的な1日➡オリジナルなアイデアが湧いて、新しいものを作り出せる状況
③内省する1日➡自分の考えや言動、行動を客観的に振り返り、改善点を見つける状況（内省は自己評価ではなく、自己分析のことです）

1つの項目について、場所や時間、服装や食事、運動や睡眠など、具体的な内容も記入してください。すべての項目を書き終えるまでに、3日くらいかかっても構いませんが、必ず期限を決めてください。

たとえば、私はこのような感じです。

①理想的な1日➡1日1食。朝5時に起きて、コーヒーを淹れながら、スクワットやストレッチなどの運動。7時30まで執筆や学びの時間。その後、愛犬との散歩。次に熱めのお風呂に入りながら、アファメーションと眼球運動。8時30～19時仕事（昼休みに20分の仮眠）。19時30夕食（玄米食）。10時就寝。

②創造的な1日⬇月に1度は、なにも予定がない1日を作り、新しいアイディアを考える。2週に1度は、陶芸の師匠の元へ行き没頭する。半年に1度は、新しいビジネスのアイディア思案のため、3~7日○○の地に行く。何もしたくない日は、自宅で本を読んだり、映画を見たり、愛犬と昼寝をして充電する。

③内省する1日⬇半年に1度は遠く離れた実家に行き、ご先祖様のことなどを聞いて記録し、自分との繋がりを内観する。また、月に1回は、娘と2人で神社仏閣、美術館などに行き、お互いの感性や行動、考えを客観的に伝え合う。

■日付けで成長を確認　ネガティブは捨てて

「人生脚本ノート」には、いつでも記入日を書くことを忘れないでください。書き足したり修正したりするときも、日付けを記入してください。日付けはあなたの「成長の証」となります。

「人生脚本ノート」を書き続ける中では、「本当に効果があるのかな」と不安になることもあるでしょう。そのようなときは、「自分の物語が理想に近づいて嬉しい」と自分に言い聞かせてください。

ネガティブな言葉や思考は、人生脚本をよい方向に書き換える妨げになります。ネガティブな言葉や思考が出てきたら、すぐに捨てて、前向きな言葉や思考に置き換える練習をしましょう。

新たな習慣を身につけるのに必要な期間は、おおよそ3か月です。あくまでも個人差はあり、行動に関わる習慣（日記、読書など）は、約1ヶ月。身体のリズムに関わる習慣（早起き、運動など）は、約3ヶ月。思考に関わる習慣（前向きな思考、価値観の書き換えなど）は約6ヶ月と言われていますが、自分に必要な脳神経回路は、必ず形成されるのです。

前述した2つのワークを半年に1度の頻度で継続して行ってください。

前回、前々回と比較することで、「人生脚本」の進化が見えるはずです。

◆大切なポイント

人生脚本を変える方法を紹介します。自分の行動を記録して、エネルギーバランスを整えるワークを実践しましょう。記録やワークを続けることで、自分の物語が理想に近づきます。

第５章のまとめ

・人生は変化の連続です。変化には4つの種類があるので、それぞれを自分の味方にする方法を知っておきましょう。変化を恐れずに楽しみ、心の器を強く味わい深いものにしましょう。悪い状況もいずれは変化するので、人生をあきらめてはいけません。

・自分の調子を良くするものや悪くするものを人生脚本ノートに書き、手帳に記録してみてください。思い込みの人間関係や場所に気をつけて、やる気アイテムを目に付くところに貼りましょう。

・あなたが目標に向かうとき、心の奥に隠れた「価値観」が邪魔することがあります。「価値観」は、幼いころの環境や感覚により作られます。「価値観」について詳しく知ることで人生を変えることができます。

・人生を変えたいなら、やりかけて放置していることを片付けましょう。そして、本当にやりたいことに集中しましょう。目標を達成できる人はたった8％です。あなたなら必ず成功できます。

・あなたは、五感を使って自分の人生の物語を描くことで、目標に自動的に進む仕組みを作ることができます。これを実践するには、人生脚本ノートが必要です。すぐに作りましょう。

・人生脚本を変える方法を紹介します。自分の行動を記録して、エネルギーバランスを整えるワークを実践しましょう。記録やワークを続けることで、自分の物語が理想に近づきます。

第6章

価値観を明確にして、自分らしく生きる方法

1 価値観の種類と特徴

価値観は、自分と他人を区別する「自分だけの辞書」のようなものです。同じ価値観を持つ人はひとりもいません。人生は変化するので、価値観も時々見直して更新する必要があります。

あなたは、これまでに自分の価値観を見つめ直して、改善したり強化したりしたことはありますか？　今回は、あなたに自分の価値観を書き出してもらい、あなたの人生の目標に合った「最高の価値観」に作り変える方法をお教えします。

《ワーク1》

次の10個の項目は、人生において重要なものです。まず、それぞれの項目について、自分が今どう思っているかを直感で書き出してください。

書き出すときは、自分の「価値観」はポジティブにはたらくときと、ネガティブにはたらくときがある、と認めることが大切です。

嫌な気持ちになる価値観が出てきても、自分を責めたりせずに受け止めてください。
書きにくい項目があるときは、あなたにとって都合のいい内容にしてください。

■人生に大きく関わる価値観ＴＯＰ10（記載日○年○月○日）

①人生とは
②自分とは
③家族とは
④男性とは
⑤女性とは
⑥結婚とは
⑦仕事とは
⑧お金とは
⑨不幸（トラブル）とは
⑩死とは

たとえば、私のもとにやって来たIさん（20代・女性）は、次のように書きました。

「人生⬇最大の暇つぶし」「自分とは⬇透明人間」「男性⬇身勝手」「女性⬇我慢する生き物」「結婚⬇私には無縁であり、不幸の源」「お金⬇縁がない」。

このような価値観を持っている女性の人生は残念ながら幸福ではないし、充実もしていないでしょう。

しかし、自分の価値観は、実際に書いてみないと気づかないものです。このワークにチャレンジした人の多くは、「こんな風に考えていたとは驚いた」「このことについて、なにも考えずに生きてきたのが怖い」などと語ります。

私もこのワークに取り組んだ最初のころには、「○○すべき」という価値観に縛られているることが明らかに見て取れました。文字にして書き出してみると、自分の性格や傾向が隠しようもなく表れます。

ぜひ、自分だけでなく、家族や同僚、友人と一緒にこのワークをやって、共有してみてください。自分のことは見えにくいものですが、他人のことは客観的に見ることができます。互いにフィードバックをして、学び合いましょう。

身近な人が語ったことの中に、自分の人生に必要な価値観があれば、積極的に取り入れてください。そうやって、人生を楽しくする価値観をどんどん増やしていきましょう。

「日々、成長」を目指しましょう。

◆大切なポイント

価値観は幼少期に形成される人生の指針です。価値観を書き出し、共有し、学び合うことで人生を楽しくする価値観をどんどん増やせます。

2 価値観が人生に与える影響を知り、人生の軸になる価値観を見つける

あなたは今、心からの幸せや充実感、やり甲斐を感じていますか？　それらの感情は、あなたの価値観が作り出すものです。

人生で誰もが関わる価値観ＴＯＰ10を先ほどのワークで書き出してもらいました。次のワークでは、その価値観を見直してポジティブなものに書き換えましょう。「人生脚本」によって、物語の主人公として生きていくあなたにふさわしい価値観に改変するのです。

たとえば、私なら次のように書き換えます。

・人生とは「最大の暇つぶし」➡「魂を磨くかけがえのない時間」
・女性とは「我慢するもの」➡「全てを受け入れる強さと慈愛がある」

・結婚とは「不幸の根源」➡「感動と愛を無限大にできるもの」

このように、肯定的でポジティブな言葉に直すのがカギです。前述したように脳は否定文を無視してしまうので、「我慢しない」と書いても、「我慢する」と認識します。ですから、理想の状況や人生を表す肯定文を選んでください。

《ワーク2》

次に、あなたの「人生の軸」となる価値観TOP5を人生脚本ノートに記入してください。

このワークの目的は、あなたの物語に欠かせないオリジナルの価値観を見つけることです。私たちは一人ひとり、人生の目的や考え方が異なります。今のあなたが精神的にも健康的にも経済的にも愛情にも満足しているなら、価値観を変える必要はありません。しかし、もっと幸福度を高めたいと希望するのなら、価値観のアップグレードが必要です。特に、仕事や結婚、人間関係といった人生脚本の重要な場面では、価値観が大きな役割を果たします。

価値観の項目はたくさんありますが、ここでは一部を紹介します。

人生脚本で必要な価値観の例

友人、学び、成長、信頼、情熱、人間関係、仲間、余暇、子ども、素直さ、感情、健康、創造力、独自性、両親、過去、未来、挑戦、戦い、平常心、好奇心、読書、本、自然、ペット、時間、約束、許し、タフさ、粘り強さ、愛、ときめき、感動、奉仕、笑顔、容姿、教育、品格、経験、誇り、ぬくもり、旅行、住居、食事、日本伝統、祖先、歴史、芸術、音楽、瞑想、内省、ユーモア、貢献、信仰、成功、責任、お金、向上心等々……。

この中から、あなたが特別に大切にしたいと感じるものや、必要不可欠だと思うものを選んでください。それが、あなたの物語（人生）を理想に導く「中心（コア）の価値観」です。

もし、この中にあなたのコアになる項目がなければ、自分で作っても構いません。頭に浮かんだ言葉を「人生脚本ノート」に書いてみてください。

■価値観には2つの種類がある

価値観は次のような2つの種類に分けられます。

1. 普遍的な価値観（生涯、変わらないもの）
2. 変化し続ける価値観（自己成長、環境、時代で変わるもの）

私が初めて価値観リストTOP5を選んだ時は、①愛②挑戦③責任④誇り⑤タフさでした。これらは家族にとっても人生の軸となったため、松谷家の家訓として自宅に飾っています。「強く生きる、責任ある行動、誇りをもつ、愛し愛される」という言葉です。

現在の私は、最初に選んだ価値観を身体の一部のように感じています。あえて意識する必要がないので、今の私が心を向けている価値観は①伝承②貢献③本④戦友（同志）⑤戦略です。

日本の伝統的な発酵食や大和言葉、日本医療を後世に伝え、未来に貢献すること。本を通して、多くの人に知識や感動を伝えること。これらが今現在、私の人生の軸なのです。友人ではなく、使命感を共有する戦友と出会い、切磋琢磨することが大切だと考えています。また、得意でない戦略にも挑戦し、自分にできないことは専門家に任せることで、理想の人生脚本を創り上げている途中です。

◆大切なポイント

あなたの価値観が人生の物語を作ります。価値観を見直し、肯定的な言葉で書き換えましょう。価値観は普遍的なものと変化するものがあります。必要なものを見つけましょう。

3 内なる声とはなにか？定義と役割を知っておこう

あなたにとって、人生でもっとも大切なものはなんでしょう？　それは、あなた自身の「内なる声」ではないでしょうか。内なる声とは、あなたの本質や特性を知り、あなたにとって最善の選択を教えてくれる存在です。

心理学では、選択に迷ったときに正しい方向を示してくれる存在を「老賢者」と呼びます。内なる声はまさに、そのようなはたらきをする人生のパートナーであり、かけがえのない友です。

しかし、内なる声が聞こえる人と聞こえない人がいます。どんなに優れたスキルを身につけても、内なる声が聞こえなければ、人生の成果に大きな差が出てしまいます。内なる声が聞こえる人は自分の人生のシナリオを自在に書き換えられますが、聞こえない人は他人のシナリオに従って生きることになります。

内なる声を聞くためには、自分にとって「最良な価値観」を見つける必要があります。「最良の価値観」は真の使命や人生の目的へとあなたを導いてくれます。しかし、多くの人は、自分の価値観ではなく、親や社会、メディアなどに植え付けられた価値観に基づいて生きています。その結果、自分の内なる声を見失っているのです。

■大富豪は幸せなのか?

私の夫は世界的な大富豪と仕事をすることがあります。彼らは宮殿のような家に住み、純金のトイレを使い、限定販売された高級車を何十台も所有しています。

しかし、彼らは、本当に幸せなのでしょうか? 夫が話してくれたことによると、彼らの多くは心の空虚さや孤独感に悩んでいるそうです。彼らはすぐになんでも手に入ってしまうので自分でなにかを考えたり、努力したり、達成したりする喜びを知りません。自分の内なる声に従って生きていないのです。

「恵まれすぎるのも問題だ。自分の人生に意味や価値を見出せないなんて、生き地獄だ。

子どもは贅沢に育てるのではなく、自分で生きる力を身につけさせるべきだ」という夫の言葉に私は深く共感しました。

世の中には、名声やお金や地位に恵まれ、羨望を一身に集めている人がいます。しかし、それだけでは、本当の幸せはつかめません。真に幸福なのは、自分の内なる声を聞いて行動している人だと私は考えています。

■内なる声——直感は鍛えることで強くなる

内なる声は、直感とも呼ばれます。直感とは、目に見えないものや未来のことを感じ取る能力です。日本には「虫の知らせ」という言葉がありますが、それは直感の一種です。

たとえば、ふとある人のことが気になって連絡したら、ちょうど連絡しようと思っていた、といわれたり、何となく不安になって電話をしたら、直前に亡くなっていた、と聞いたりすることがあります。

直感は、感覚とは異なります。「感覚」は五感で現実のものを捉えます。目で見たり、手で触ったり、耳で聞いたりすることで、事実や情報を得ます。感覚は具体的で確かなものを感じ取るはたらきです。

一方、「直感」は遺伝情報や記憶をもとに、イメージやインスピレーションや予感などを通じて、可能性や意味を得ます。直感には抽象的であいまいなものをとらえるはたらきがありますが、脳の松果体に関係し、現代人の松果体はどんどん小さくなっている傾向にあります。

直感は、誰でも持っている能力ですが、使い方によっては、強くなったり、弱くなったりします。直感を鍛えるためには、意識的にトレーニングする必要があります。直感は心の筋肉のようなものなので、使わなければ、衰えてしまいます。

私は、自分の直感を信じて、人生の決断をしてきました。そのおかげで今、幸せな人生を送っています。この本では、私が実践してきた直感のトレーニング法を紹介します。

あなたも、自分の内なる声に耳を傾けて、自分らしい人生を歩んでください。

◆大切なポイント

内なる声は、あなたの本質や最善の選択を知る存在です。多くの人は、自分の価値観ではなく、他人の価値観で生きていて内なる声を見失っています。自分の直感を鍛えることで、内なる声を聞くことができます。

4 内なる声を活用するために知っておきたい準備と種類

内なる声を日常生活で活用するには、まず価値観を変える必要があります。もし、「直感は信用できない、怪しい」と思っているなら、内なる声は力を発揮してくれません。これまで何度もお伝えしてきたとおり、価値観と行動は密接に関係しているからです。

■内なる声を聞くためには準備が大切

内なる声を聴くためには、以下の5つの準備が必要です。

①直感に対する価値観をポジティブなものに書き換える

たとえば、「直感は史上最強の賢者だ」とか「直感は自分の魂の声だ」と認識すると、内なる声に耳を傾けやすくなります。もし、「私はなにに対しても鈍感だ」という口癖があるなら、それは自分に「鈍感になれ」と暗示をかけていることになります。「私は直感に敏感だ」とか「私は直感を聴くことができる」という言葉を口癖にしましょう。

②肉体の状態を整える

慢性的な疲れや痛み、睡眠不足などがあると、感覚的な情報も受け取りにくくなります。それと同様、内なる声も聞き取りにくくなってしまいます。

③心のオアシスを作る

心のオアシスとは、あなたの心を癒やし、安心感を与えてくれる人やもの、場所のことです。心のオアシスを見つけておくと、内なる声が聴こえやすくなります。

あなたの人生脚本ノートに書いた『応援団』のことを見直して、日常生活で実践してください。

④なにごとも丁寧に大切にする

些細なことでも、丁寧さや美しさを心がけると、内なる声とのつながりが強くなります。たとえば、家族と夕食をとる際、お箸置きを用意したり、一輪の花を飾ったり、お皿を静かに置いたりするなどの心配りをしてみましょう。普段から自分のことを大切にしない人は、内なる声を聴くことができません。

⑤内なる声は自分だけのものではないと知る

あなたのＤＮＡ（遺伝子）は何世代にもわたって受け継がれてきたものであり、あなたが覚えていなくてもその歴史は細胞に記録されています。ですから、内なる声はご先祖さまや自然とのつながりを語るものともいえます。自然の中に身を置くと、内なる声がより鮮明に聴こえてきます。

内なる声を聴くためには、自分の心を柔らかく、快適な状態にすることが大切です。どんなに素晴らしいスキルを身につけても、心が固くなっていれば、内なる声は芽を出してくれません。自分の心を耕して、内なる声の種を育てましょう。

人によって内なる声へのアプローチ方法は異なります。状況によって、五感のいずれかがカギになることが多いので、どんなときにどのような声が聴こえたのかという体験を「人生脚本ノート」に記録して、あなたの傾向を探ってみてください。

■内なる声には4つの種類がある

内なる声は、次のような4つの種類に分かれます。

①**身体的レベルの内なる声**：身体の感覚として表れるもので、危機を回避するために役立つので、「ジャングルでの気づき」と呼ばれます。身体の一部が震えたり、こわばったり、ぞくっとしたりするのが特徴です。

②**情緒的レベルの内なる声**：感情としてあらわれるもので、急に嫌な気持ちになったり、悲しい気持ちになったり、楽しい気持ちになったりするのが特徴です。感情に素直になることで、聞き取りやすくなります。

③**心的レベルの内なる声**：思考として表れるもので、「内的洞察力」とも呼ばれます。論理や推理の先にあるもので、長時間そのことに集中して取り組んだ後にふと起きるひらめきはこの典型です。ノーベル賞受賞の物理学者アインシュタインも、「新しい論理を構築するのには『直感的なひらめき』が必要である」と語っています。

④**スピリチュアルなレベルの内なる声**：深いレベルの「純粋な直感」のことで、今までの身体的、情緒的、心的レベルとは異なります。著名なオランダの哲学者であるスピノザは「スピリチュアルな直感とは、神を知ることだ」と定義し、ヨガでは心が静穏なときにおのずと表れてくる根底部分である「魂の導き」と呼ばれます。

この4つの直感は、もともと私たち人間に備わっていたものなので、使い方は次に説明していきます。

◆大切なポイント

内なる声は自分の心の奥から聞こえる声であり、人生を豊かなものにしてくれます。内なる声は身体的、情緒的、心的、スピリチュアルなレベルの4つに分かれ、それぞれ聴き方が異なります。

5 内なる声を聴く方法

内なる声を聴くために必要な5つの準備は、この章の「4項」ですでにご紹介したとおりです。それを踏まえて、日々の習慣として身につけてほしいのが、**自分との対話**です。

■自分との対話とは

自分との対話とは、自分の身体や感情に注意を向け、それらが発信するシグナルに耳を澄ませることです。日常生活の中で、呼吸のように自然に行えるようになりましょう。意識して訓練を積めば、誰でもできるようになります。

たとえば、仕事の計画が予定より早く終わった時、「今日はここまでにするのか」「調子が良いから続けるのか」もしくは「少し休んでから、さらに進めるのか」と自分に問いかけてみてください。すると、内なる自分の思いと問いが一致した時は、身体が軽くなったり、感情が穏やかになったりするのを感じるでしょう。

難しいように思えるかもしれませんが、ペットや植物、子どもなどと過ごすのに似ています。彼らは自身の状態や希望を言葉で伝えることができません。ですから「おなかが空いているのか？」「調子が悪いのか？　ご機嫌なのか？」といった情報を読み取るためには、生命反応に意識を向ける必要があります。

自分との対話も同じです。植物や動物の声が聴こえ、子どもの思いがわかるなら、自分の内なる声も聴こえるはずです。うまくできないのは単なる練習不足なので、そのうちにできるようになります。

効果的な練習方法として、声を出して自分に語りかけるやり方があります。第4章で芸術療法をご紹介した際、自分が作った作品（その子）と対話する方法について解説しました。自分との対話も同じ要領でやってみるとよいでしょう。朝起きたときには「今日、最優先すべきことはなにか？」と自分に問いかける習慣を身につけてください。

■『応援団』に正しく質問してみる

自分との対話を「脳内会話」「ひとり会議」と呼ぶ人もいますが、ここでの対話は自分の願望や意志とは関係ない領域とのやり取りであり、心を整えたい人にとって、とても効果の大きな取り組みのひとつです。

実際に自分と対話するときに意識してほしいのは、質問の仕方です。**「正しい問い」を投げかけなければ、正しい答えは得られません。**自分との対話では、意識下（思考）の自分ではなく、自分の分身――いつも少し離れた位置から応援し見守ってくれる「大いなる応援団」に聞くイメージを持ってください。

私は子どもが小さい時から、そういった「応援団」との対話を日常に取り入れていました。実は娘も同じことをしています。先日は娘と2人で初めて着物を着たのですが、そのときに案内をもらった着付け教室について、こんな会話をしました。

娘「着物を着て、すごく嬉しかったし、着付け教室は私たちの都合に合わせて、日程を調整してくれる、と言っていたね。どうしようか？」
私「あなたの『応援団』はなんて言ってるの？」
娘「これからの咲に必要なことだから行きなさい、と言ってるよ」
私「行ってみれば、とかじゃなく、行きなさいなんだね。お母さんの『応援団』も同じことを言ってるよ」

娘「いつもそうだけど、『応援団』からこれをやりなさいっていうメッセージが来るときって、そのとおりにすると信じられないくらいにすべてがうまくいくよね。あらためて、すごいなって思うよ。じゃあ、決まったことだから楽しみながらやろうね。私のやりたいことや理想の未来につながってるからワクワクする」

自分との対話はこのように、自分の意志や願望とは別のものとして届きます。

自分の周りに応援団がいて、あなたの人生脚本にとって最善の選択や方向、手段を教えてくれるので、娘が語っているとおり、その声に従うと本当にすべてがうまく進んでいきます。

そんな『応援団』にあなたが投げかけるべき質問は、たとえばこんな感じです。

✓私は今、なにを知る必要がありますか？
✓私は今、なにを優先的にする必要がありますか？
✓今の私にもっとも足りないことはなにですか？
✓私の目標に到達するには、どこから始めればいいのですか？

✓私の特性を活かして世の中の役に立つためには、なにをすればいいですか？
✓私がいつも忘れてはいけないことはなにですか？

ちなみに、まだ目標を書いていない人や、人生脚本ノートを作っていない人がこれらの質問をすれば、答えは「今すぐに、人生脚本ノートを作ってください」というものになるはずです。

すでに目標が定まっているとき――「人生脚本ノート」に目標を書いた後には、次のような質問を投げかけてみるとよいでしょう。

✓この目標を達成するには、なにが必要ですか？
✓この目標を達成するためには、誰になにをお願いしたらいいのでしょうか？
✓私と人生のミッションが同じ人は、どこに行けば会えますか？
✓今日、私に必要な行動や場所はどこですか？
✓私が今、真っ先に手放して整理することはなんですか？

質問に対して『応援団』が返してくる答えはさまざまです。「まだ、今は活動を始めず、○○を学んでください」「尊敬の念を持って○○さんから学んでください」「今は辛抱の時なので動いてはいけません」などなど。

私もこの本を早く書きたくてたまらなかったのですが「今は、待つべき時間。焦ることはない、必ず書くタイミングがおのずとやってくる」としばらくは『応援団』にいわれる時期が続いたので、執筆を我慢してきました。

そしてついに最適と確信できるタイミングで書き始めた結果、滞ることなく原稿を書き進めることができています。

◆大切なポイント

自分との対話とは、自分に質問を投げかけて、答えを聞くことです。自分との対話は、練習すれば誰でもできる能力です。対話を通じて、自分の人生脚本をより良いものに変えていきましょう。

6 内なる声を信じる方法

私たち人間の心は、感情という波に常に揺れ動かされています。喜びや悲しみ、怒りや恐れなどの感情が湧きあがると、心はそれに対応しようとします。しかし、強すぎる感情に振り回されると、心は平穏を失ってしまいます。

大切なのは、感情と対話することです。感情がなにを伝えたいのか、どうすれば落ち着くのか、を聞いてあげることです。そうすることで、心は感情と共存できる落ち着き場所を見つけることができます。感情は心の平安を乱すものではなく、心の成長をうながすものでもあるのです。

不安や葛藤は心にとって悪いものだと思われがちですが、そうではありません。不安や葛藤は自分の可能性を広げるチャンスでもあります。

たとえば、人間は身体のあちこちに生息する40兆個もの常在菌たちと共存しています。

常在菌には、良い菌と悪い菌、日和見菌がありますが、悪い菌がいなくなればいい、というわけではありません。有害な菌がいるからこそ、免疫のはたらきは鍛えられます。健康を守るためにはバランスが大切なのです。

同じように、心にもさまざまな感情がありますが、それぞれに役割があります。辛く苦しい、悲しい感情があるからこそ、心の免疫機能がはたらき、精神を強く健やかな状態に保てるのです。

■やる気が出ないときは内なる声を聞いてみる

やるべきことをした上で、それでもやる気が出ないとき、周りが気になってしまうときもあります。そのようなときは、内なる声に問いかけてみましょう。

「このままでいいのか？　それとも、今、私がするべきことはなにか？」そう問いかけることで、内なる声から答えをもらえます。

「ひとりになる時間を作ること」「心と身体を落ち着かせることが最優先」「まずは寝ること」などの答えが聞こえたら、その通りに行動しましょう。内なる声は、自分の本当のニーズを知っているのです。

◆大切なポイント

感情は心の平安や成長に影響します。不安や葛藤は自分の可能性を広げるチャンスです。やる気が出ないときは内なる声に耳を傾けましょう。

7 内なる声を導く方法
瞑想の種類を知って実践してみよう　初級〜中級編

「息」は生命エネルギーそのものであり、さまざまな呼吸法を身につければ、五感や直感を最適化できます。仕事の合間にもできる簡単なものから、じっくりと時間をかけるものまで、さまざまな方法があります。まずはいろいろと試しながら、自分に合うものを見つけましょう。

■初級編　日常でも使える簡単なやり方

1．目を閉じて30秒間、呼吸に意識を向ける方法

これは仕事の合間やお風呂の中などで気軽にできる訓練です。パソコンやスマートフォンなどを見る機会が多い現代人にとって、第二脳神経の目を休めることは大切です。30秒は長いと感じるなら10秒でもいいので、目を閉じて「呼吸」に集中してみましょう。

私は仕事柄、目を酷使するので、昼休みとお風呂の中で、約1分間は目を閉じ、呼吸に意識を向けながら、次に説明する眼球運動も併せて行っています。

2．目を閉じて1分間＋眼球運動の方法

1の方法と同時にやると、視力低下と脳の酸素不足を一度に軽減できます。眼球運動とは、目を閉じた状態で上下左右に大きく眼球を動かすことです。少し痛いぐらいでも大丈夫です。右回り、左回りと3回ずつ交互にゆっくりと眼球を回します。

朝昼晩の3回1セットが理想ですが、仕事の合間に1セットやるだけでも効果があります。この眼球運動を小学校低学年で取り入れたある先生のクラスでは、全員の視力が維持されたそうです。

私も20年以上実践しており、レーシック施術で視力を回復させてからも続けています。そのおかげで、現在もメガネなしで生活できています。

3．お風呂の中での3分瞑想＋色のイメージ

お風呂の中で呼吸に意識を集中し、全身の力を抜きます。自分の身体がお風呂のお湯

で回復していくイメージを思い描いてください。その際、想像上の「回復していく自分」には色を付けてみてください。

色にはそれぞれ意味があります。たとえば、身体が疲れているときはベビーピンクなど愛情につながる色、焦りやイライラがある時はグリーン、もっと活力が欲しい時はオレンジなどです。

ちなみに、お風呂の中で思い描く色はあなたの状態やあなたが欲しているものを表しているだけなので、何色を想像したとしても心配は不要です。


身体の力を抜き、瞑想しながら呼吸もコントロールします。まず、息を吐ききれるだけ吐いてください。それから鼻呼吸で大きく息を吸います。いっぱいに吸い込んだら、3秒間息を止め、7〜8秒かけて口から吐きます。

個人差があるので、自分がリラックスできる秒数に調整してください。私は長年運動をしていたので、息を吐くのに30秒以上かけることもあります。

■中級編

1.「4・7・8」呼吸法

睡眠導入にも効果的な呼吸法です。自律神経をリラックスさせることができます。鼻から静かに息を4秒間吸います。7秒間息を止めます。口からフーッと音を立てて8秒間吐きます。このサイクルを最大4回くり返します。息が苦しい時は短くしても構いません。自分のその時の状態に合わせて、息の長さを調整してください。

2．腹式呼吸法

肩の力を抜きます。座って行うと姿勢が安定しますが、立ったままでもできます。肩を動かさないようにして、おなかに手を当てて行ってみてください。口から息を吸った時間の約2倍の時間（目安：6秒間）をかけて、息を吐ききりながら、おなかがへこみ、横隔膜が上がるのを感じてください。息を吐いた後に、1〜2秒間（目安）息を止めます。次に、3秒かけて鼻から息を吸い込んでください。おなかが膨らみ、横隔膜が下がるのを意識してください。これが腹式呼吸です。

3．ありがとう呼吸法

「あ」「り」「が」「と」「う」と1文字ずつゆっくりと発音しながら、息を吐き切ります。次の音節を声に出す前に、ゆっくりと鼻から息を吸います。

「ありがとう」は、60％が水分でできている私たちの身体にも良い影響を与える周波数が高い言葉です。ロングベストセラー書籍、「水の『真』力」（江藤勝著）でも、良い言葉の効果が立証されています。車の中などでもひとりでできる呼吸法です。

■「息」の大切さを伝えるインドの昔話

人間のすべての器官や感覚をインドの古い文化では五感に心を加えた6つに分類します。

あるとき、それらが会議を開くことになり、誰が世話人を務めるのか、話し合いが行われました。視覚は美しいイメージを見せて、世話人になろうとしました。嗅覚は芳香を漂わせて、世話人になろうとしました。味覚は美味しいものを味わわせて、世話人になろうとしました。聴覚はハーモニーを奏でて、世話人になろうとしました。身体（触覚）は快感を与えて、世話人になろうとしました。心は真理を語って、世話人になろうとしました。

それらに混じって、感覚の一つに数えられない「息」も、世話人になりたいと立候補しましたが、示せるのは、口や鼻からただ出入りする空気の流れだけでした。そんな「息」の重要性に気づくものは誰もいませんでした。

五感や心たちは息を無視して、世話人になるべき者を決めよう、と激しく争いました。その様子に落胆した「息」は会議の場を去ろうとしました。すると、視覚はイメージを、嗅覚は香りを、味覚は味を、聴覚は音を、身体は感覚を、心は真理を失いました。「待ってください」と感覚たちと心が叫びました。「戻ってきてください。あなたが世話人になってください。私たちにはあなたが必要なのです」と。「息」は戻ってきて、世話人の席に着きました。

この物語は、息の重要さを教えてくれる、インド古来の教えです。息は、私たちの生命を支えるものです。息に気づくことは、自分に気づくことです。

◆大切なポイント

「息」に関する五感と直感を磨く訓練法をマスターしましょう。本書では、いくつかの瞑想について詳しく解説しています。まずは、自分に合ったものを試してみることが大切です。そして、「息」は私たちの生命を支える重要なものと気づきましょう。

8 内なる声を導く方法 瞑想の種類を知って実践してみよう 上級編

前の項で、呼吸・瞑想法の初級〜中級を解説しました。今回は、上級編について解説します。

■上級編

1. 身体スキャン方法

横たわった状態で、身体全体の力を抜きます。頭のてっぺんからつま先まで自分の身体が柔らかい光に包まれる様子をイメージしてください。次に、頭の上から「光の板」が全身をスキャンしていくイメージを思い浮かべます。正常な部位はその板がスムーズに通過しますが、疲れや不調があるところはその板が止まります。その部分を覚えておいてください。

不調な部分には、修復するワークを行います。まずは身体全体を清掃するイメージを思い浮かべてください。疲労や悪いエネルギーが、手足の先や頭頂部から煙のように出て行く様子を想像できたら大丈夫です。

悪いものをすべて出し切ったと感じたら、掃除は終了です。

悪いエネルギーのクリーンナップが終わったら、次はよいエネルギーを注入する番です。宇宙や大地、海の素晴らしい生命エネルギーが、頭頂部や足裏から身体に入ってくる様子をイメージします。想像上のエネルギーには、そのとき自分にとって必要だと感じる色をつけてください。

エネルギーがどんどん自分の体の中に満ちてきて、いっぱいになったら終了です。私は寝る前に毎日この瞑想を行っています。オリンピック選手なども実践している効果的な方法です。

2. ヴィパッサナー瞑想法

インドにおけるもっとも古い瞑想法の一つです。自己観察による自己変革の方法といわれています。この瞑想法を実践すると、心と体が互いに影響を与え合うことを深く理解できるようになります。

《身体に関する最初の4考察》

①息を長く吸っているときには、「息を長く吸う」ことを意識し、息を長く吐いているときには、「息を長く吐く」ことを意識します。

②息を短く吸っているときには、「息を短く吸う」ことを意識し、息を短く吐いているときには、「息を短く吐く」ことを意識します。

③「全身を感じながら息を吸おう。全身を感じながら息を吐こう」と自分に言い聞かせます。

④「全身を静めながら息を吸おう。全身を静めながら息を吐こう」と自分に言い聞かせます。

《感受（感情）に関する第2の4考察》

⑤「喜びを感じながら息を吸おう。喜びを感じながら息を吐こう」と自分に言い聞かせます。

⑥「楽しさを感じながら息を吸おう。楽しさを感じながら息を吐こう」と自分に言

い聞かせます。
⑦「心の動きを感じながら息を吸おう。心の動きを感じながら息を吐こう」と自分に言い聞かせます。
⑧「心の動きを静めながら息を吸おう。心の動きを静めながら息を吐こう」と自分に言い聞かせます。

《心に関する第3の4考察》

⑨「心の状態を感じながら息を吸おう。心の状態を感じながら息を吐こう」と自分に言い聞かせます。
⑩「心を喜ばせながら息を吸おう。心を喜ばせながら息を吐こう」と自分に言い聞かせます。
⑪「心を安定させながら息を吸おう。心を安定させながら息を吐こう」と自分に言い聞かせます。
⑫「心を解放させながら息を吸おう。心を解放させながら息を吐こう」と自分に言い聞かせます。

《智慧に関する第４の四考察》

⑬「無常であることに気づきながら、息を吸おう。無常であることに気づきながら、息を吐こう」と自分に言い聞かせます。
⑭「色あせてゆくことに気づきながら、息を吸おう。色あせていくことに気づきながら、息を吐こう」と自分に言い聞かせます。
⑮「消滅することに気づきながら、息を吸おう。消滅することに気づきながら、息を吐こう」と自分に言い聞かせます。
⑯「手放すことに気づきながら、息を吸おう。手放すことに気づきながら、息を吐こう」と自分に言い聞かせます。

いくつかの瞑想方法をご紹介しましたが、大切なのは習慣にすること、続けることです。３か月間で習慣化できると前述しましたが、**続けるこつは「場所と行為をセットにすること**です。

私はお風呂に入ったときに簡単瞑想と眼球体操を行っています。そして、シャワーの時に老廃物を下水道に流すイメージをし、お風呂の中で必要なエネルギーで満たされる感覚を持っています。そこにアファメーション（なりたい自分になるための肯定的な自己宣言）も加えています。

もちろん時間がないときや疲れすぎているときなどは、時間を短めにしても構いません。しっかり取り組んだ翌朝は、目覚めたときの体調がまったく違うことを実感してください。

◆大切なポイント

身体スキャン方法は自分の身体を光で包みスキャンしていくイメージをすることで疲れや悪いエネルギーを排出し生命エネルギーを取り入れる方法です。習慣化することが大切です。

9 才能を見つけ出し、整理する 才能発見のステップと得意発見ワーク

あなたは、自身の「人生脚本」を突き動かしている「価値観」のＴＯＰ５をこの章で見つけ出しました。それらはあなたの人生の基盤ですが、まだ具体的な目標や方向性にはつながっていません。そこで、次のステップとして、あなたの持つ才能や得意な部分を掘り起こしていきましょう。

■好きと得意は違う

あなたが「好き」なことと、得意なことは必ずしも同じではありません。「好き」と「得意（才能）」は別の次元のものです。**あなたの人生のミッションは、自分と周囲の人たちが幸せに生きられるよう活動することです。**そのためには、あなたの得意な分野で力を発揮する必要があります。

たとえば、医療分野には、頭が良くても手先が不器用な人がいます。どんなに練習しても、手技が上達しない人がいるのです。そのような人は、自分に向いていないことに時間を費やすのではなく、自分の得意な分野で貢献することが求められます。

もちろん、どんなことでも一定の努力や鍛錬は必要ですが、「人生脚本」はあなただけのオリジナルなので、あなたの特性を最大限に引き出すものであるべきです。良い結果が見込めない分野に執着するのは時間の無駄遣いです。

有名なiPS細胞の生みの親である山中伸弥（やまなか しんや）先生は、2012年に「成熟細胞が初期化され、多能性をもつことの発見」により、ノーベル生理学・医学賞をジョン・ガードンと共同受賞しました。そんな山中先生も実は「じゃまなか」と揶揄されるほどに手先が不器用だったため、研究の道を選んだひとりです。

■あなたの得意を引き出す10の質問

あなたの才能や得意な部分を見つけるために、次の10の質問に答えてみてください。これらの質問は人生の要となる「価値観」も明らかにしてくれます。

①幼いころや学生のころ、他人や親から褒められたことや得意だったことはなんですか？
②過去に夢中になっていたことや、時間を忘れるほど集中できたことはなんですか？
③仕事の中で効率よくこなせて、「ありがとう」と感謝されたり、称賛されたりしたのはどんなことですか？
④そのことを考えたり、見たりするとワクワクしてエネルギーが湧きあがってくることはなんですか？
⑤努力せずにすんなりできて、素直な気持ちですぐに実行できることはなんですか？
⑥悪気なく「なんでこんな簡単なこともできないの？」と他人に思ってしまうことはなんですか？
⑦時間が空いている時や、疲れている時でさえも、無意識にしてしまうことはなんですか？
⑧どんなにお金をもらっても、これだけは絶対にしたくないことや苦手なことはなんですか？
⑨すぐに成果を上げられる魔法の杖があり、お金も稼げると保証されていれば、やっ

てみたい仕事はなんですか?

⑩誰にどんなことをいわれようが、絶対に譲れないあきらめたくないもので、今も全力で取り組んでいることはなんですか?

質問に答えることで、自分の才能や得意な部分が見えてくるはずです。自分だけでなく、家族や友人、同僚など、率直に意見をいってくれる人にも聞いてみてください。特に自分に向いていない分野については意見を求めてみるとよいでしょう。他者の答えはあなたの得意と苦手を客観的に教えてくれます。

たとえば、私がよく知っている17歳の女性は幼いころから絵や書道が大好きで、よく褒められていました。書道では、毎日新聞全国書道大会で優勝し、絵画でもたくさんの賞をとった経験がありました。学校の宿題に疲れると、部屋にこもって書や絵を描いていました。

彼女の母は医療従事者で細かい作業が得意でしたが、彼女は洋裁や刺しゅうなどは好きではありませんでした。ですから、家業である歯科をすすめられても断りました。現在、彼女は自分の芸術の才能を活かす仕事に就いています。

人生において、もっとも悲惨なことは、自分の可能性を見限ってしまうことです。自分の可能性は未知数だ、と常に信じてください。自分を疑うのは、もっとも不幸なことです。

強い信念と情熱による行動が長く続けば、必ず自分自身でも満足できる成果を生み出せます。

「自分の人生のピークは、これからやってくる！」と信じて生きていきましょう。その方が人生は楽しくなります。誰にだって、その人しか持っていない才能があるのですから。

◆大切なポイント

自分の得意な分野で活躍することが大切です。自分の才能や得意な部分を掘り起こすための質問を提示しました。自分の可能性を信じて行動することで、人生は楽しくなります。

10 価値観を整理する方法 ステップを理解してワークをやってみよう

前項ではあなたがまだ気づいていない自身の才能を見つけるために、10の質問に答えてもらいました。その結果から、今の仕事が自分の才能にぴったりだと感じた人もいれば、活かすべき新たな才能に気づいた人もいるでしょう。

才能には生まれながらに持っているものもあれば、努力で身につけるものもあります。有名な「1万時間の法則」をご存じですか？　これは、イギリス生まれの元新聞記者、マルコム・グラッドウェル氏が著書『天才！　成功する人々の法則』（講談社、2009年）（原題：Outliers : The Story of Success）で紹介したものです。

ある分野で一流になるには、1万時間の練習や学習が必要だという考え方です。自分が集中できる分野で鍛練を積み、本書でこれまで紹介してきた素晴らしい感覚——五感を鍛えることが、才能を伸ばす近道なのです。

■自分を追い込むことで目標達成する方法

自分との約束を守ることは、成功にとって欠かせないスキルです。しかし、多くの人は自分に対して厳しくなりきれず、約束を破ってしまうことがあります。

そうならないためにはさまざまな工夫により、「自分を追い込むこと」が有効です。たとえば、あなたが尊敬している人や仲間と約束をしてしまえば、「なにがなんでもやるしかない！」という状況を作れます。そんな風に、自分が逃げられない環境を自ら作っていきましょう。

《公認会計士が目標だったJさん（20代・男性）のケース》

Jさんの目標は公認会計士の資格取得でした。昼間は働いているので、朝、仕事に出る前に勉強するのがよいことはわかっていました。しかし、つい寝坊をしてしまうことが多く、勉強がはかどりません。そこで、同じ目標を持つ仲間2人と朝の

6時に喫茶店で待ち合わせをして、一緒に勉強することにしました。1分でも遅れたら3000円の罰金という約束もしました。

この約束のおかげで、Jさんは早寝早起きが習慣になりました。仲間と一緒に勉強することで、知識も深まりました。ときどき遅刻することはありましたが、1年間勉強を続けられたので、無事に全員、試験に合格しました。Jさんは自分を追い込むことで、夢を叶えたのです。

《講座の開設をためらっていたKさん（30代・女性）のケース》

Kさんは、10年あまりも心理学やメンタルトレーニングについて勉強を重ねてきました。いつかは教える側に回りたい、と考えていましたが、講座を提供する自信はなかなか持てませんでした。二の足を踏んでいると、自分よりも後に入学してきた仲間はどんどん彼女を追い抜いていきます。

そんなとき、焦っている彼女を見かねた先輩が、彼女の得意な講座を企画し日程や参加する人まで決めた上で、こうアドバイスしてくれました。

「できることを今しないのであれば、10年後だってできないよ。だから、この講座を開催するのかしないのかは、今ここで決めなさい」

先輩の言葉に背中を押された彼女は自分を振り返って、知識や経験を人に伝える能力が十分にある、と確信しました。そうして講師としてデビューし、大成功を収めました。

彼女は他者に追い込んでもらうことで、自分の可能性を広げたのです。


自分が逃げ出せない環境を作ると、目標達成の可能性は劇的に拡大します。あなたも尊敬する人や仲間と約束をすることで、自分の目標に向かって真っ直ぐに進んでみませんか？

◆大切なポイント

自分の才能を見つけるには、自分が集中できることに取り組むことと、自分の五感を鍛えることが大切です。自分が尊敬する人や仲間と約束をすることで可能性を広げていきます。

11 引き寄せの法則　魂の成長
アファメーションで内なる声をサポートする

人は毎朝、新しい自分に生まれ変わっています。

私たち人間の細胞は、60兆個あるいは37兆個などといわれていますが、正確な数はわかりません。確かなことは、1日に1兆個もの細胞が入れ替わっているということです。細胞は、分裂して増えたり、アポトーシスと呼ばれる自殺プログラムによって消えたりして、バランスを保っています。細胞の入れ替わりと同じように、私たちの思考や行動も、成長や環境に応じて絶えず変化しています。

人生は変化の連続であり、次にどうなるのか最後までわからないものです。不安に感じるかもしれませんが、未来がすべて決まっていたら面白くありません。ワクワクドキドキしながら映画を観賞できるのは結末を知らないからでしょう。未来が予測不可能だからこそ、人生は楽しいのです。

■引き寄せのワーク

最後に、「人生脚本」を素晴らしいものにする上で、もっとも重要なワークをご紹介します。

それは、「なりたい自分になる」ことです。

あなたは、この人生で何者になりたいですか？

自分がなりたいキャラクターを言葉で表現してください。

いきなりそういわれても難しいと思うので、まずは次の作業をしてみましょう。

①自分を表すキャッチコピーを作る
②自分を勇気づけるアファメーションを作る（最低5つ）

アファメーションとは、自分への「宣言」です。肯定的な言葉で自分に暗示をかけることで、理想の自分を引き寄せるもの——自分を応援する言葉です。
この宣言を人生脚本ノートに書いて、毎朝毎晩、声に出して読み、言葉を自分に浴びせてくださださい。

自分のキャッチコピーとアファメーションを作るときは、以下のルールに従ってください。

①冒頭に自分の名前を入れるか、私（僕）という言葉を使うこと
②現在進行形かすでに叶っていることを表す文章にすること
③否定形を使わずに、ポジティブな言葉を使うこと

たとえば「私、○○は、××している」「僕、○○は、××が成功して楽しい」などです。

ちなみに、私のキャッチコピーは「私と出逢った人は、幸せになる」というものです。

これは、私が本気で思っていることです。私の愛は、泉のように湧きあがるので、たくさんの人に差しあげても、どんどん湧いてくるのです。

私は見返りを求めない「無償の愛を届ける」ことが人生の使命だと思って生きています。最初は、こんな私が出来るわけない、と思っていましたが、自分で設定するだけですから、恥ずかしいことはありません。

ただし、優しさだけでは人生は乗り越えられないので、私にはもう1つのキャッチコピーがあります。それは、「人の素晴らしさを見つけるための戦う戦士」です。この2つのミッションをこなしていくことで、バランスをとっています。

私はよく泣き、よく怒ります。それも長所だと思っています。そう思えるのは、この人生脚本のシナリオ部分のワークをすべてやって、自分の特性や行動を理解しているからです。

最後に、あなたに大切な言葉をお伝えします。夫がよく子どもたちに語っている言葉です。

「頭を鍛えるのは簡単だ。心を鍛えるのは難しい。だから、強くなること。強くなければ、大切な人を守れない」

人生は時には残酷で、理不尽なことも起こります。でも、くじけないでください。人生は、準備をしておけば楽しくなります。

あなたの輝かしい未来と成功を心からお祈りしています。

◆大切なポイント

なりたい自分を明確にしましょう。自分を表すキャッチコピーとアファメーションを作って、自分に読み聞かせてください。人生は素晴らしいものです。あなたの幸せを祈っています。

第６章のまとめ

・価値観は幼少期に形成される人生の指針です。価値観を書き出し、共有し、学び合うことで人生を楽しくする価値観をどんどん増やせます。
・あなたの価値観が人生の物語を作ります。価値観を見直し、肯定的な言葉で書き換えましょう。価値観は普遍的なものと変化するものがあります。必要なものを見つけましょう。
・内なる声は、あなたの本質や最善の選択を知る存在です。多くの人は、自分の価値観ではなく、他人の価値観で生きていて内なる声を見失っています。自分の直感を鍛えることで、内なる声を聞くことができます。
・内なる声は、自分の心の奥から聞こえる声で人生を豊かにします。内なる声は身体的、情緒的、心的、スピリチュアルなレベルの4つに分かれ、それぞれ聴き方が異なります。
・自分との対話とは、自分に質問を投げかけて、答えを聞くことです。自分との対話は、練習すれば誰でもできる能力です。対話を通じて、自分の人生脚本をより良いものに変えていきましょう。
・感情は心の平安や成長に影響します。感情のバランスを保つことが大切です。不安や葛藤は自分の可能性を広げるチャンスです。やる気が出ないときは内なる声に耳を傾けましょう。
・「息」に関する五感と直感を磨く訓練法をマスターしましょう。本書では、いくつかの瞑想について詳しく解説しています。まずは、自分に合ったものを試してみることが大切です。
・身体スキャン方法は自分の身体を光で包みスキャンしていくイメージをすることで疲れや悪いエネルギーを排出し生命エネルギーを取り入れる方法です。習慣化することが大切です。
・自分の得意な分野で活躍することが大切です。自分の才能や得意な部分を掘り起こすための質問を提示しました。自分の可能性を信じて行動することで、人生は楽しくなります。
・自分の才能を見つけるには、自分が集中できることに取り組むことと、自分の五感を鍛えることが大切です。自分が尊敬する人や仲間と約束をすることで可能性を広げていきます。
・なりたい自分を明確にしましょう。自分を表すキャッチコピーとアファメーションを作って、自分に読み聞かせてください。人生は素晴らしいものです。あなたの幸せを祈っています。

おわりに　～みなさまとのご縁に深く感謝いたします

人は儚く、弱い生き物です。だからこそ、自分の存在が認められ、愛されたいと思うのです。この五感式人生脚本は、あなたが誰かの生きる力になり、同時に自分も幸せになれる「物語」をつくる手引書です。

私は20代まで、自分の価値を他人や世間の基準で測ろうとして、自分も周りも傷つけてきました。人の価値は測れないし、測ってはいけないのに、それに気がつかないまま生きていたのです。

当時を振り返ると、人生における真の喜びも知りませんでした。

人には3種類の喜びがあります。

①何かを得た時。
②何かを達成した時。

③何かに夢中になっているとき。

それぞれを比べると、①と②はとても刹那的な（一瞬）の喜びです。

生きている限り続くのは③なので、あなたにはぜひ、夢中になれるものを見つけてほしいと思っています。

一生かかってもいいのです。ときには、自分の不甲斐なさに打ちのめされたり、心が折れることもあります。でも、そんな姿こそが、人間らしく愛おしいと感じます。

キラキラする、ドキドキすることに目を向け、どんなに些細なことでもいいので、まずは挑戦してみることです。そして、当たり前に感じている家族の笑顔、愛犬（愛猫）のぬくもり、好きなことをしている瞬間や、美味しい料理、あったかいお風呂に入ることと――日常のあらゆる幸せを喜び、感謝の気持ちを忘れないでください。

人間はみな、自分の身よりも他人を大切にできる優しさを持っています。

たとえ「自分が死んだとしても、身代わりになりたい」と思う気持ちを、すべての人が持っている、と私は信じます。

以前、イソマグロ釣りの世界記録保持者であり、「海が故郷」と語る夫が、魚にも仲間がいる、と教えてくれました。仲のいい魚が針にかかって釣り上げられてしまいそうになると、寄りそって泳いだり、どうにか助けようと頑張るそうです。漁師に捕獲されてしまった後も、仲間が消えたあたりをグルグルと回遊し、その後は近辺を避けるようになるのだとか。

魚にも仲間を思う優しい気持ちがあるとしたら、人にはそれよりはるかに深い思いやりがあるはずです。

人間は地球の生態系において、頂点に立つ存在です。意思の力で多くのことを変えられます。ですから、どのような環境に産まれたとしても、たとえ理不尽なことが起こったとしても、自分の行動を選択し、自らの力で問題を解決できます。

あなたが自分の人生に疲れてしまったとき、人生をもっと輝かせたいと思ったとき、この本をそっと開いてみてください。あなたを勇気づけ、もう一度歩み始めることができるメッセージがたくさん詰まっているはずです。

キラキラと輝く、あなただけの物語を、私も楽しみにしています。そして、あなたの大切な人に教えてあげてください。「人生脚本とは、自分で描くことができるワクワクする楽しいものですよ」と。

そして、この本の出版に際し、ごま書房新社の池田社長、編集担当の谷垣吉彦さんには大変お世話になりました。特に、コラムニスト・政治評論家の尾藤克之さんには、さまざまなアドバイスをいただき大きな存在でした。ありがとうございます。

また近くで支えてくれた、ひらおかデンタルの水津智子さん、向井ちささん、吉野裕子さん、藤本真奈未さん、下岡明子さん。元NHKエグゼクティブアナウンサーの村上信夫さんに感謝を申し上げます。

最後に、夫の英勝くん、長男の福、長女の咲、愛犬のツキ、愛猫のマーフィー、故郷つくばの父と母にたくさんの愛を注いでもらっていることに感謝しています。そして、こうして読んでくださっているあなたとのご縁にも心から感謝しています。

あなたの物語は、この瞬間も続いています。最期を迎えるそのときに「やり尽くした」と言える人生を送ってください。いつもあなたのことを見守っている人が必ずいます。安心してください。

雪の夜、愛犬のぬくもりを感じながら……

松谷 英子

LINE公式アカウント

友だち追加は
こちらから！

◆参考書籍

・「エリック・バーン　人生脚本のすべて」エリック・バーン／星和書店
・「オーソモレキュラー医学入門」エイブラム・ホッファー、アンドリュー・W・ソウル／講談社
・「綜學入門」林英臣／博進堂
・「直感　ひらめきの心理学」ドリス・J・シャルクロス、ドロシー・A・シスク／日本教文社
・「図説　東洋医学」山田光胤、代田文彦、はやし浩司／学研
・「東洋医学の教科書」平馬直樹、浅川要、辰巳洋／ナツメ社
・「覚醒脳の作り方」フリーデリケ・ファブリティウス、ハンス・W・ハーゲマン／ダイレクト出版
・「全身歯科　口から始まる全身の病気」マークA・プレイナーDDS／特定非営利活動法人恒志会
・「マインドフルネス、ストレス低減法」J・カバットジン／北大路書房
・「マインドフルネス瞑想ガイド」J・カバットジン／北大路書房

◆著者略歴

松谷 英子（まつたに ひでこ）

心理カウンセラー・メンタルトレーナー・医療法人英仙会理事。

自身も自己否定感による摂食障害に苦しんだ経験を持つ。その際、自己を立て直すメソッドとして『五感式人生脚本』を考案。現在はそのメソッドを用いて、悩める人たちが満ち足りた日々を送れるよう支援している。

また、オリンピック選手のメンタルトレーナーとしても活動。「人生に感動を与え、100歳まで心身ともに生きる」との理念を掲げる。

ひらおかデンタルクリニック院長として3万人以上の患者を診察してきた歯科医師でもあり、著書に『強運は口もとから　～メンタル歯科医が教える47の幸せ習慣～』がある。

●連絡先
ひらおかデンタルクリニックHP　http://www.hiraoka-dc.jp
アメブロ　https://ameblo.jp/matenrou888
連絡先　office@hiraoka-dc.jp

HP

アメブロ

五感の魔法

2024年3月25日　初版第1刷発行

著　者	松谷 英子
発行者	池田 雅行
発行所	株式会社 ごま書房新社 〒167-0051 東京都杉並区荻窪4-32-3 AKオギクボビル201 TEL 03-6910-0481（代） FAX 03-6910-0482
カバーデザイン	（株）オセロ 大谷 治之
DTP	海谷 千加子
印刷・製本	精文堂印刷株式会社

ISBN978-4-341-08834-7 C0011